창조문학대표수필선

영혼의 닻

아이오와에서 온 편지

채영선 수필집

창조문학사

▣ 머리말

멀리 보이던 그 빛은
별이었어요
다가오는 별
눈부신 은백색의 별
가까이 다가와 들여다보던
시야에 가득찬 두 눈
....

어린 아기가 되어
그 손에 들려 허둥거리던
나의 팔과 다리
이제는 내 것이 아닌 나의 손발
그 겨드랑이에 안겨서
내 것이 아닌 나의 몸과 마음 (시 '비밀' 에서)

삶의 고비를 지날 때 꺼내어 보는 마음의 보석이 있다면 무엇일까요.

때로는 용기를, 때로는 소망을, 때로는위로를
줄 수 있는 나만의 것이 있다면
이 세상은 좀더 아름답고 즐거운 소풍의 장소가 되어줄 것입니다. 그 비밀을 나누는 것이야말로 가장 큰 행복 아닐까요?

아름다운 땅 아이오와로 인도해주신 하나님 은혜에 감사드리며, 해설해주신 김종회 교수님과 출판사 여러분, 표지 그림과 삽화를 제공해준 친구 아티스트 최영옥에게 감사를 드리며 늘 기도로 밀어주는 남편 정성배 목사에게도 감사를 전합니다.

- 2016년 5월

소담 채 영 선

차 례

제 1 부

제 2 부

제 3 부

제 4 부

제 5 부

제 6 부

제 1 부

아름다운 땅 아이오와에서

토끼가 부러워요

그리운 잭크

어떻게 아시고

아름다운 만남

언제나 배워야지요

내 탓이예요

'함께' 라는 말

놀라게 해서 미안해

어린아이처럼

모르는 게 약이라고?

아름다운 땅 아이오와에서

아이오와, 참 부드럽고 고운 말이지요.

이 땅의 원래 주인이던 인디언의 말로 그 뜻은 '아름다운 땅'이라는 뜻입니다. 한반도 전체 크기와 비슷한 땅인데 거의 100% 경작이 가능해서 구소련의 통치자 흐르시쵸프가 미국에 왔을 때 제일 부러워하던 곳이라고 전해지기도 합니다.

북미대륙 중서부에 위치한 아이오와주는 한국의 충청도와 비슷한 분위기를 가지고 있습니다. 자동차도 조금 더 천천히 다니고 사람들도 급한 기색이 없어 아주 안정적이고 평화스러운 농경지가 대부분입니다. 비교적 해발고도가 높아서 한국의 개마고원처럼 고지대이지만 콘대의 특징인 한여름의 뜨거운 햇볕이 옥수수에 단맛을 더해주어서 이곳의 옥수수는 스윗콘이라고 불립니다.

가도 가도 계속되는 옥수수 밭과 콩밭을 보면 농사를 하는 사람들의 저력과 인내와 수고를 짐작할 수 있습니다. 옥수수와 콩을 번갈아 심으며 농토의 삼분의 일을 쉬게 하는 농부들의 지혜를 봅니다. 사람이나 동물이나 자연이나 쉬지 않으면 다시 일 할 수 있는 힘을 얻을 수 없습니다. 인간의 몸은 자동적으로 자신의 한계를 알게 되어 있습니다. 한계를 넘어서 사용했을 때 다시 제자리로 돌아갈 수 있는 탄성을 잃어버리게 됩니다.

사람은 자신의 나이만큼 시간이 지나가는 속도를 느낀다고 합니다. 40대는 40마일의 속도로, 50대는 50마일의 속도 60대는 60마일의 속도, 시간이 지날수록 세월의 흐름을 빠르게 인지한다는 말입니다. 왜 그럴까요.

오늘 정원 화단에 사용할 빨간 블록을 사가지고 오는 자동차 안에서 문득 그 생각이 떠올랐습니다. '왜 요즘 한 주간이 이렇게 빨리 지나가지.' 스마트 폰이 없으면 시계를 보아도 오늘이 월요일인지 화요일인지 까마득한 때가 많이 있기 때문입니다.

가만히 생각해 보니 몸은 생각만큼 빨리 움직이지 못하고 머릿속엔 여러 가지 지나온 생각, 자식 손자 생각, 등등 생각만 많아서 하루에도 지구를 몇 바퀴씩 돌아오니 시간이 빨리 지나는 것으로 느끼는 것 아닐까요. 반면에 젊은 사람은 몸이 가벼워 잘 움직이니 하루 종일 사용하는 운동량이 많아서 하루가 더 버겁고 시간이 더디 지나가는 것으로 느껴지는 것 아닐까 하고 말이지요.

어떻습니까, 당신의 하루는요.

마음대로 안 되는 것 중에 대표적인 것이 골프와 자식이라고 합니다. 마음대로 안 되는 것에 얽매여서 하루 중의 많은 시간을 우울하게 지나시지는 않으신가요. 마음대로 안 되는 내 마음인데 다른 사람의 마음을 헤아리면 무엇 하겠습니까. 그러므로 성경은 우리에게 무엇이든 감사로 기도하라고 말씀해주고 있습니다.

살아있기에 감사하고, 찬양할 수 있기에 감사하고, 이렇게 감사의 말을 나눌 수 있기에 감사한 것 아닐까요. 사도 바울은 전하지 않으면 자신에게 화가 있을 것이라고 말했습니다. 이제 남은 삶의 소중한 시간을 내게 주신 은혜를 나누는 것이야말로 아버지 하나님께 영광을 돌리는 길이며 가장 귀한 일이 아닌가 싶습니다.

이곳은 이제야 벚꽃과 아주 흡사한 크랩애플이 만개하고 있습니다. 금낭화에도 조롱조롱 몽오리가 맺혀 있네요, 당신의 마음에도 핑크 빛 등불이 반짝 켜지면 좋겠습니다. 창밖에 봄이 서성대는 서재 노트북 앞에서 빙그레 웃어 봅니다, 마치 당신이 보는 것처럼...

토끼가 부러워요

봄엔 어김없이 부활절이 지나가지요, 부활절의 상징이 무엇일까요.

그야 달걀이고 다른 하나는 토끼입니다. 부활절을 앞두고 마켓마다 토끼 인형을 전시하고 있는 곳이 많습니다. 달걀이야 예전부터 부활절이면 의례히 삶아서 예쁜 칠과 그림도 그리고 투명한 팔락 종이로 싸서 나누어 주며 함께 즐거워하던 기억이 있습니다. 하지만 토끼는 무슨 의미일까 많이 궁금했었지요.

집 앞에 사람의 손이 닿지 않은 숲이 있어 야생동물이 드나드는 정원에 신기하게도 부활절이 되면 토끼가 나옵니다. 섭씨 영하 20도가 넘는 겨울 추위를 어디에서 지내는지 따스한 봄볕이 돌기 시작하는 이맘때면 한국 산토끼와 똑같은 토끼가 살그머니 나타나서 귀를 쫑긋거리며 다니는 것을 보면 너무도 귀여워서 저절로 웃음이 나오지요.

우리 정원에 드나드는 토끼 중에 신기한 녀석이 있습니다.

길에서 올라오는 계단 옆에 키가 많이 자라지 않고 옆으로 퍼지는 정원수 파인트리가 있는데 가지가 많고 파르스름한 빛을 띠는 이파리가 아주 촘촘해서 그늘이 깊은 셈이지요.

그런데 그것을 어찌 알고 뜨거운 여름 한낮 한 번씩 찾아와 벌렁 드러누워 낮잠을 자는 토끼가 있습니다. 그 녀석은 인기척이 들려도 꼼짝도 않고 누워 한낮의 더위를 피하며 오수를 즐깁니다. 사람도 뱃장이 두둑한 사람이 있듯 동물도 그런 모양입니다.

혼자 시간을 보내며 쉬고 있는 토끼를 보면서 여러 가지 생각을 해봅니다.

왜 혼자 있는 게 어려울까. 스마트 폰이나 인터넷을 끄면 왜 답답하고 불안할까. 아름다운 자연보다 인위적인 것에 둘러싸여 지내야 왜 편할까. 텔레비전이 없는 곳은 왜 상상하기도 싫을까. 끊이지 않고 들려오는 세상의 소식을 하루라도 못 들으면 바보 같은 느낌이 드는 것은 왜일까.

살다 보면 무의식중에 반복하는 행동이 습관을 낳아서 고치 안에 갇혀있는 번데기처럼 신경은 무디어지고 굳은살이 곳곳에 배어 내가 원하지 않는 모습으로 바뀌어가는 것을 우리는 모르는 것 아닐까요.

눈을 맞추고 마음과 마음을 주고받는 대화는 점점 사라져가고 있습니다.

나란히 앉아서 같은 화면을 보는 것만도 다행인 시절이 되어가고 있습니다. 두꺼운 벽 안에 나를 꽁꽁 가둬둔 채로 가끔 한 번씩 살짝 나와서 눈길을 피한 채 할 말을 던지고 달팽이 껍질 속으로 돌아가는 자신을 발견합니다.

성 어거스틴에게는 끈질기게 곁을 지키며 기도하는 어머니와 변함없이 제자를 이끌어주는 스승 암브로시우스 감독이 계셨습니다. 어머니와 스승의 사랑과 기도가 인생의 낙오자가 될 수도 있을 어거스틴을 인류 역사의 위대한 인물 성 어거스틴으로 변화되게 만들었던 것입니다.

단짝 친구를 전도하기 위하여 8년간 기도하며 기다린 경험이 있습니다.

가까운 사람을 전도하는 것은 참으로 어려운 일입니다. 왜냐하면 나쁜 버릇까지도 다 알고 있기 때문이지요. 티내지도 못하고 속으로만 끙끙 기도하며 8년이 되던 어느 날 화요일 아침 기도 모임에서 기도 제목이 있는 사람을 위해 함께 기도하자는 인도자의 말을 듣고 손을 들었습니다. 기도 제목도 모르는 채로 나를 위해 기도해주었던 멤버들, 그 시간 하나님은 응답하셨습니다, 눈을 감은 채 나도 모르게 싱글벙글 웃고 있는 나를 발견했지요.

용기를 얻은 저는 그날 그 친구에게 말했고 기다렸다는 듯이 대답을 한 그 친구는 놀랍게도 그 주일부터 교회에 출석하였으며 신자가 되었습니다. 그리고 온 가족을 전도한 것은 물론 가르치며 전도하는 소망의 사람이 되었지요. 하나님은 그렇게 일하고 계십니다, 용기를 내십시오. 누군가 당신을 위하여 기도하고 있으며 하나님의 손길은 가까이에 계시니까요.

그리운 잭크

봄비 오는 소리가 들립니다.

이 도시의 의과대학교수로 은퇴하신 교수님 가정에서 주신 들깨 씨앗을 뿌려놓고 아침저녁 물을 주고 기다리지만 워낙 한동안 비가 오지 않으니 좋은 옥토가 갈라지고 있었습니다. 반가운 비 소식에 겨우 이파리 내밀고 있는 옥잠화나 글라디올라스가 콧노래를 부르고 있을 것입니다.

벽에, 유리창에, 지붕에 빗방울 부딪치는 소리가 들립니다.

어딘가에 부딪치지 않는다면 소리도 없겠지요. 마음과 마음이 부딪치고 눈과 눈이 부딪치고 손과 손이 부딪치는 곳에서 소리는 나옵니다. 소리를 듣고 우리는 반응을 하게 되지요. 신경이 곤두서기도 하고, 눈을 감고 싶기도 하고, 고개를 좌우로 돌이질 하고 싶기도 하고요.

모든 행동은 두 가지로 나눌 수 있습니다.

미리 계획한 것과 그렇지 않은 것입니다. 미리 생각하지 않아도 무의식중에 움직이는 경우가 많이 있습니다. 그럴 때는 자동적으로 움직였다고 말하기도 합니다. 마주 오는 사람을 피하여 옆으로 비켜서거나 날아드는 하루살이를 피하여 눈을 깜박거리는 행위 등이 그것입니다.

성경 말씀에는 악을 도모하지 말라고 쓰여 있습니다.

도모라는 말씀은 어떤 좋지 않은 행동을 위하여 다른 행동을 계획해내는 것이 아닌가 싶습니다. 에덴동산에서 선악과를 따먹은 후에 생긴 인간의 고민은 옳지 않은 것을 알면서도 행하고 있는 자신을 발견한 것이지요.

이 세상에 미리 계획한 옳지 않은 행위가 존재한다는 것을 처음으로 알게 된 일이 있습니다. 여덟 살, 초등학교 2학년 때입니다. 학교에서 돌아오니 중간 사이즈의 강아지, 잭크가 거적에 덮여 있었습니다. 거적데기 바깥으로 나와 축 늘어져 있던 잭크의 꼬리를 붙잡고 이름을 부르며 울었던 기억이 납니다. 빵 속에 넣은 약을 먹고 죽은 영리하던 잭크, 터울이 많은 형제의 막내인 제게 유일한 친구였지요.

다음 날 고추장 항아리가 사라졌다고 엄마는 말씀하셨습니다. 그때는 고추장이 매우 귀한 것이었나 봅니다. 양계장과 논으로 둘러싸인 울타리도 없는 집, 잭크가 골치였겠지요. 그 후부터 저는 멀리 보이는 도봉산 너머 천국에 잭크가 있을 거라 생각했지요. 저녁 무렵 그 산 너머는 참으로 아름다운 노을로 물들어 천국이라 하기에 충분하게 느꼈던 것 같습니다.

언제쯤이면 저 천국에 갈 수 있을까. 천국에 못가면 안 되는데.

교회에서 배운 지식과 엄마가 가르쳐준 성경말씀을 기억하며 천국을 그리워했습니다. 예수님을 만나고 싶은, 예수님을 기다리는 아이가 되어있었지요. 잭크가 사라지고 혼자 지내는 시간을 방바닥에 엎드려 어른이 부르는 찬송가를 1장부터 끝까지 같은 곡조로 부르며 시간을 보내던 기억이 납니다.

그렇게 자란 저를 하나님은 부르셨습니다.

어쩌면 이렇게 복음을 전하며 성도를 섬기는 귀한 일을 하게 된 것도 제 친구 잭크 덕분인지도 모르겠습니다.

잭크야 고마워...

어떻게 아시고

참 특별한 새가 있습니다.

이름은 카디널, 꼭 추기경의 모습처럼 품위 있는 붉은 망토를 두른 자태가 고고하기 이를 데 없습니다. 보통의 새들처럼 암컷은 색깔도 좀 침침하고 브라운 색이 섞여 있어 소박하기 그지없는데 반하여 수컷은 머리에 깃털로 만든 왕관을 쓰고 빛이 날만큼 붉은 가슴의 색이 옆에 있는 사람이 주눅이 들 정도지요.

수컷이 내는 소리가 신기하게도 다양한데 그중에 '어디 어디'하면서 피리 같은 소리를 내면 옆집 뒷집에까지 울립니다. 무엇을 그리 찾기에 '어디 어디'하는지. 암수 한 쌍이 언제나 함께 날면서 현관 앞 크랩 애플 가지에 앉아 뽀뽀를 하면 꼭 금실 좋은 잉꼬 같기도 합니다.

빨간 새가 자주 찾아오는 정원에 무엇이 어울릴까 생각하다가 노랑 글라디올라스를 심었습니다. 비닐 봉투에 들어있는 구근뿐 실뿌리가 하나도 없어 이게 언제나 나올까 벌써 4월인데 하고 심었는데, 엊그제 보니 비온 뒤 꽃밭에 붉은 색깔 도는 노란 움이 3,4센티 나오고 있네요. 어머나, 밟고 다닌 곳에서 어떻게 나오지,

심은 자리를 잊어버리고 마구 밟고 다녔는데... 늦게 심었어도 나오고, 밟고 다녔어도 나오고, 잊어버리고 있어도 나오는 저 아기 새싹. 기다리지 않은 마음이 미안하기만 합니다.

때로는 언어가 가시인지 몰랐습니다.

초등학교 3학년인가, 학교 가는 길에 유난히 키가 작고 팔 다리가 가늘던 저를 동네 남자애들은 '가분수'라고 불렀지요. 그때부터 되도록 멀리 돌아다녔습니다, 오래 걸어 힘들어도 괜찮았습니다. 그런 남자 애들이 안보이면 무조건 좋았습니다. 사춘기가 되면서 어려운 책을 뜻도 모르고 읽던 저는 점잖은 선생님들이 좋았습니다.

하나님은 이런 저를 위하여 인자한 선생님을 보내주셨습니다.

손바닥을 때리거나, 머리를 쥐어박거나, 야단을 치시거나 가지가지로 훈계를 하시는 선생님 중에 정말 특별한 선생님을 만나게 된 것입니다. 한 번도 큰 소리를 내지 않으시고 언제나 잔잔한 음성으로 말씀하시던 선생님. 그런데 그 선생님이 한 동네에 사셔서 같은 버스를 타고 등교하는 날이 많았지요. 하지만 한 번도 '안녕하세요' 말도 못하고 머리만 숙여 인사를 하던 선생님, 스승의 날에 친구들처럼 꽃 한 송이 드리지 못하고 마음속으로만 좋아했습니다.

수학 물리 과목이 성적이 좋았지만 선생님이 좋아 무조건 국어과를 택했습니다.

국어 선생님이 되는 길은 어려운 길이었지요. 신학 공부를 하고 목회자의 아내가 되어 이국땅에서 중년이 지나가는 나이의 저에게 전화 속에서 이름을 불러주신 선생님. 처음 나온 시집을 제일 먼저 선생님께 드렸습니다. 내일처럼 기뻐하시고 격려해주신 성생님께서는 비행기 안에서 보시다가 가슴이 뭉클 하셨다고 하셨지요.

갑상선 수술 후에는 건강 정보를, 보면서 글 쓰라고 꽃이며 풍경 사진을 보내주시고, 지켜보시다가 힘이 들어 보이면 기운 내라고 좋은 글을 보내주시는 순교자 집안의 선생님. 한국어 어학 연구에 한 획을 그으신 우리 선생님, 진심으로 감사드리며 존경합니다. 지금도 지켜보시는 선생님의 눈을 생각하며 허리를 펴봅니다.

잔잔한 사랑을 담아 손으로 인간을 지으시고 호흡을 주신 하나님.

우리의 영원한 행복을 위하여 인도하시고 지켜보시고 변함없이 사랑하시는 아버지 하나님, 하나님의 눈을 기억하면 아스팔트길이 아니라 하더라도 우리의 걸어가는 인생길이 흔들리거나 넘어지지 않을 것입니다.

문 열고 기다리시는 하나님의 사랑을 기억하세요...

-스승의 날에

아름다운 만남

쌓여있는 나무토막 틈새에 집을 지은 토끼 가족이 늘었습니다.
고만고만한 세 마리의 토끼가 번갈아 놀러 나옵니다. 옆집 레니가 돋우어 놓은 골짜기 사이 길을 넘어 둔덕 아래로 숨은 지 30여분이 지나자 몸집이 조금 큰 토끼 한 마리가 나타나 귀를 쫑긋 두리번거리더니 세 마리가 내려간 곳으로 정확하게 사라집니다. 이어 귀여운 토끼를 줄줄이 몰고 집 쪽으로 조르르 달려갑니다.

삶이란 만남의 연속이 아닌지요.
깊고 넓은 생의 심연에서 길고 짧은 만남을 만들어가며 살아가는 것이 인생이 아닐까요.
무화가 나무 아래에서 기도하고 있던 나다나엘을 기억하고 계신 분은 오직 예수님이셨습니다. 동족을 돕는다고 생각한 모세는 결국 동족을 죽이고 광야로 도망가는 신세가 되었으며 미디안 광야의 한 우물가에서 아내가 될 십브라를 만나게 됩니다.

외삼촌 라반의 집으로 도망간 야곱도 어머니의 고향 우물가에서 사랑스런 라헬을 만나게 되었으며 족장의 위치를 차지하게 될 장자의 축복을 받게 되었지요. 우물은 목마른 사람에게 가치가 있는 것이며 가치의 근본이 되는 하나님의 손길을 만나게 되는 계기가 되기도 하는 것입니다.

사십이 되어가는 나이에 미국으로 보내신 하나님께서는 글을 쓰라고 하셨습니다. 시인 윤동주에 대한 짧은 연구로 대학교 졸업논문을 썼지만 습작 노트 한 권 지니고 있을 뿐 전혀 다른 세계에서 생활하던 저는 졸 시편 두 개와 일기 하나를 쓰고는 더 이상 쓸 수 없었습니다. 숨 가쁘게 달려도 따라갈 수 없는 이민 생활의 연속이었기 때문입니다.

하나님께서는 아이오와시티라는 문학의 도시로 저를 다시 옮겨놓으셨습니다. 심오한 영문학 연구로 알려져 있는 University of Iowa 대학에서는 세계 작가 클럽 모임이 가을마다 3개월씩 열리고 있었지요. 한국의 대표 작가들이 가을마다 몇 분씩 방문하시는 독특한 도시로 오게 된 것입니다.

귀한 기회를 통하여 잊어버리고 있던 문학에의 열정이 다시 솟아오르는 계기가 되었으며 그 중의 어떤 작가들은 우리가 목회하는 교회에도 오시고 세미나를 열기도 하셨습니다. 여러분의 작가들 중에 감사하게도 시인 문정희 교수님을 가까이 대한 적이 있습니다. 강산이 거의 두 번 바뀌기 전입니다.

국어과를 졸업하고 시를 유난히 좋아하던 저에겐 가슴 두근거리는 시간이었습니다. 따뜻하고 소탈하며 사교적인 모습의 세미나 강의에 감동을 받고 문정희 교수님을 초대한 것입니다. 비록 하루

저녁의 짧은 시간이었지만 자리를 같이한 몇 몇 지인들과 함께한 오붓한 식사와 식후의 무르익은 정담은 깨소금이었지요.

자극을 받은 저는 예전의 기억을 더듬어 다시 글을 쓰기 시작하여 미주문학 신인상을 받고, 그동안 쓴 글을 모아 처음 시집 '사랑한다면'을 만들게 되었지요. 그 동안 소식을 한 번도 못 드렸던 문 교수님께 시집을 드리고 싶어 전화를 드렸습니다. 놀랍게도 십여 년이 지난 그때에도 그날 저녁 메뉴와 주고받은 말씀도 기억 하시고 특유의 웃음을 웃으시며 반가워하셨습니다.

첫 시집을 보내드리고 며칠 뒤 다시 전화를 드린 저에게 분에 넘치는 말씀을 주셨습니다. 나이 들어 시작한 시의 길에서 문 교수님의 따뜻한 격려의 말씀은 마음이 약해질 때마다 언제나 큰 용기를 주시고 계십니다. 그 후 목회 길에서 은퇴한 남편과 함께 홀로 계시는 친정어머니를 가까이 모시고 문학 연수를 하며 두 번째 시집 '미안해'를 가질 수 있게 되었습니다.

몸과 마음이 연약해지고 곤고할 때에 창조문학 홍문표 교수님의 문학 설교와 가르침은 큰 힘이 되었습니다. 언제나 기도해주신 이영지 교수님과 여러 문우님의 사랑과 격려, 눈물어린 시 낭송과 믿음의 간증을 늘 기억합니다. 늦게 시작해서 이제 걸음마를 떼는 저에게 하나님께서는 시카고의 여성 문인 모임인 예지문학에서 믿음이 신실한 여성 문인들을 만나게 해주셨습니다.

넓은 대륙 미국 땅에서 만남을 통하여 마음 깊은 곳에 자리한

내 영혼의 소원을 이루어주시고 주님의 사랑을 전하고 나눌 수 있게 해주신 하나님께 감사를 드립니다. 멀리 있어 자주 대할 수 없어도 영으로 마음으로 성령 안에서 서로 교통하며 위로하는 만남을 가질 수 있게 된 것, 생각할수록 감사와 찬송이 넘치는 봄날입니다.

때를 따라 베푸시는 하나님의 놀라운 은혜가 모든 이에게 임하시기를 두 손 모아 빌어봅니다.

언제나 배워야지요

시인이며 수필가인 유 교수님은 말씀하셨지요.

손자는 온 세상보다 귀한 거라고. 여름 문학 세미나 시간에 어쩌다 그런 이야기가 나왔는지 모르지만 갑자기 커다란 풍선이 가슴 속에서 붕붕 불어나는 것만 같았습니다. '맞아, 내게 그런 손자가 있어. 온 세상보다 귀한 손자.'

자식은 태의 열매이고 상급이라고 하나님은 말씀하셨습니다. 요즘처럼 안팎으로 뛰어야 따라갈 수 있는 세월이 아니었던 것이 얼마나 다행이었는지요. 두 시간 국어 수업을 마치고 나면 목도 목이지만 평지에서도 잘 넘어지는 저는 퉁퉁 부은 종아리를 주무르며 꼼짝할 수가 없었지요. 결국 2년도 못 채우고 결혼하기 전 교사직을 그만두었습니다. 체력이 따르지 않으니 후회도 해본 적이 없었습니다.

강아지를 딸 삼아 키우며 둘이 지내다가 어린이 날, 어머니날을 핑계로 딸네 집으로 갑니다. 겨우내 잠자던 대지는 기운을 북돋아 새 일을 맡으려고 숨을 크게 들이쉬고 있습니다. 콩 심은 자리에 옥수수를 심고 폭 삭은 옥수숫대로부터 영양을 섭취한 땅에 다시 콩을 심어 놓았습니다. 보기만 해도 옥토인 것을 알 수 있는 검은 땅에서 파란 싹이 눈짓을 하고 있습니다.

보기만 해도 배가 부르도록 튼실한 손자는 모임을 마치고 늦은 밤 돌아올 때까지 기다리고 있습니다. 내셔널 체스 대회에도 나갔었다는 손자는 도무지 따라하지 못할 게임을 하자고 합니다. 호젓한 틈새를 타서 딸에게 넌지시 이야기를 건네며 말끝에 고민거리를 털어놓습니다. 기계치인 저는 소소한 일도 도대체 방법을 모르니까요. 딸은 간단하게 처방을 해줍니다. 이러면 이렇게 하고 저러면 저렇게 하고, '그렇게 쉬운 걸 왜 오래 끙끙했을까.'

이젠 무엇이든지 딸에게 물어보아야겠습니다. 돌아서면 잊어버리는 기억력으로 판단력은 물론 대처법도 까마득하니 학생으로 돌아가 민첩한 젊은이의 생각을 따르는 게 좋다는 확신이 듭니다. 자식은 어른이 되면 자식이 아니라 어쩌면 선생님 아닐까요. 홀로 묵상을 하며 신실한 신앙을 지켜나가는 딸이 모습은 저를 꼭 닮았다고들 했는데 왜 저는 팔딱팔딱하는지 모르겠습니다.

손자가 한글로 쓴 할아버지 생일카드를 보며 가슴이 뜨거웠습니다. '저렇게 의젓하고, 한국말도 제법 하고, 할머니 할아버지를 좋아하는 손자, 다른 아이들에게 친절하고 착한 아이가 우리 손자야. 그리고 내 이야기를 듣고 즉시 진단하고 처방을 내려주는 근사한 딸이 하나님이 주신 우리 상급이야,' 묵은 체증이 다 사라지고 말았습니다.

실버가 되었다고 헛기침하지 말고 자식에게 속마음을 이야기해 보세요. 고민도 부끄러운 것도 내놓고 상담해 보세요. 아마 더욱 가까이 다가와 보듬어주고 위로해줄 것입니다. 때로는 젊은 사람이 더 지혜롭고 판단력이 정확하다는 것을 믿어보세요. 사춘기 이후 조금은 소원해졌던 자식이 친구가 되어줄 것입니다. 어쩌면 성경말씀대로 자식을 노엽게 하지 않을 뿐 아니라 그들의 관심과 사랑을 다시 찾는 기회가 될 수도 있으니까요.

내 탓이예요

정원이 돌아오고 있습니다.

사람이라면 정거장에 나가서 기다리기라도 하건만 오랫동안 돌보지 못한 정원은 속으로 원망을 삭히다가 올 봄에나 마주볼 마음이 생기나봅니다. 한국 전쟁 후 서울에서 태어나 남쪽에 친척이 없는 부모님 덕분에 방학이 되어도 갈 시골이 없었습니다. 서울 같은 대도시에서 자라난 저에게 정원 가꾸기는 정말 즐거운 일이지요.

큰 나무에 둘러싸여 있어 그늘지는 곳에 여러 종류의 옥잠화를 심다가 몸살이 나던 해도 있습니다. 덕분에 곳곳에 푸르고 소담하게 자리를 잡은 호스타와 길 건너 집에서 분양해준 피오니, 백합, 난초 등으로 구석구석 손길이 간 정원을 두고 글쓰기 바람이 불어 한국행을 한 것입니다.

건강을 위하여 돌아온 작년 1월 눈구덩이 속에서 정원은 숨소리도 없이 동면을 하고 있었지요. 집과 여자는 가꾸기 나름이라더니 봄이 되면서 드러난 정원은 몰골이 말이 아니었습니다. 울타리 없는 집에서 시들고 잠적해버린 화초들은 한숨도 남기지 않았습니다. 돌보지 않은 사람이 잘못이지요. 이럴 땐 불평은 금물 참속이 상했습니다.

그렇습니다, 모두 다 나의 탓입니다.

돌보고 가꾸라고 주신 것을 돌보지 못했는데 무슨 할 말이 있겠습니까. 생각해보면 우리가 가꾸며 돌보라고 주신 이 아름다운 자연 '보시기에 좋았더라'라고 기록 되어있는 자연을 우리는 너무나 방치했을 뿐 아니라, 지금도 괴롭히고 있는 건 아닌지요.

작년 여름 무심코 나무에 걸어 놓은 플라스틱 새 모이통 때문에 나무가 시름시름 앓고 있더니 큰 가지 몇 개에서는 올해 꽃도 잎도 나지 않고 있습니다. 나중에야 모이통이 의심스러워 치웠지만 모이통 아래에서 무성하던 금낭화도 축이 나고 말았습니다. 값이 저렴한 모이통을 샀더니 무언가 문제가 되었나 봅니다. 냄새도 묘한 플라스틱의 영향력을 뼈지게 느껴보았습니다.

'보시기에 참으로 좋았더라'고 기록된 것은 여섯 째날 사람을 만드신 후에 기록된 말씀입니다. 하나님의 형상을 닮도록 사람을 지으신 하나님은 숨을 불어넣으시고 사람으로 하여금 하나님처럼 보고 듣고 느끼고 생각하게 하셨습니다. 하나님을 참으로 기쁘게 하였던 인간의 현재 모습은 어떻게 변하고 있을까요.

하나님은 사람을 만드신 것을 후회 하셨다고 성경은 기록하고 있습니다.

노아 시대에 와서 행위가 악하고 고침을 받기 어렵게 되어버린 사람을 보고 하나님은 사람을 만드신 것을 후회하셨다고 합니다. 지금 인간은 발달된 의학 기술로 어떻게 해서든 천수를 누릴 방법을 연구하고 있습니다. 심지어 머리를 이식하는 수술을 계획하고 있다고 전합니다. 천수를 누리는 것이 문제가 아니라 어떻게 사느냐가 문제 아닐까요.

뉴스를 보기가 두렵습니다. 미움이 지나쳐 증오가 되고 있는데 증오의 대상은 정해져 있지 않습니다. 그것을 테러라고 부릅니다. 언제 어느 곳에서 대상이 없는 증오가 폭발할지 아무도 모르는 시대에 살고 있습니다. 누구를 위해 기도해야 할까요. 누구의 편을 들어야 할까요. 모두 우리의 관심을 필요로 하는 이웃입니다.

성경은 원수를 사랑하라고 하십니다.

만날 수 없는 이웃을 위하여 기도해야 합니다. 미워하는 이웃을 용서해야 합니다. 예수님께서 그렇게 하셨기 때문입니다. 배고픈 이에게는 빵을, 마음 슬픈 이에게는 따뜻한 한 마디 위로를 나누며 외로움이 미움으로 변한 이들을 위하여 더 많이 기도를 해야 되지 않을까요.

'함께' 라는 말

충청도를 꼭 닮은 미중서부 내륙 이 작은 마을에서는 자동차도 기어 다닙니다.

관광 산업이 발달하고 외부 사람들이 더 많이 다니는 올랜도 프로리다에 살다가 돌아오니 참으로 답답한 것은 차를 타고 가는 건지 걸어가는 건지 모를 정도의 속도로 골목을 달려야하는 것이었지요.

'유독 이곳에서 천천히 달리는 이유가 뭘까.' 드넓은 농토에서 농사를 짓는 사람들의 마음이 한가롭고 여유가 있기 때문일 것입니다. 그리고 또 다른 이유가 떠올랐습니다. 사람을 해치는 동물은 전혀 없고 군데군데 남겨 놓은 숲속에는 생각만 해도 미소가 떠오르는 착하고 양순한 동물들이 살고 있습니다. 사슴, 토끼, 너구리, 마못 종류, 칠면조, 꿩, 다람쥐, 고운 목소리로 노래하는 아름다운 새들이지요.

말이나 역마차가 다녔을 초원에 어쩔 수 없이 들어선 고속도로와 하이웨이 그리고 철길, 아마 길을 건너는 동물을 보호하기 위하여 천천히 달리는 것은 아닐까요. 골목을 달리다가 다람쥐가 길을 건너면 기다리니까요. 11월은 사슴 짝짓기 철이라 더 조심을 하고 다녀야 합니다. 특히 밤에 암컷의 냄새를 다라 수컷이 길로 돌진을 하는 일이 있습니다.

집 앞 골짜기에서 무리로 다니는 사슴을 봅니다. 용의주도한 사슴은 망을 보는 아빠 사슴 주위를 떠나지 않고 있다가 무슨 낌새라도 있으면 급히 다 같이 떠나갑니다. 이사 오던 다음해 다른 도시에 사시는 한분이 어느 저녁 자동차에 친 사슴을 메고 오신 적이 있습니다. 뜻은 감사하지만 정중하게 사양했지요.

기운이 없는 병아리를 전기밥통 위에 올려놓아 다시 소생하게 하던 기억이 생생한 저에게는 마주보기 괴로운 모습이었습니다. 작년 여름, 비에 젖은 채 쓰러져있는 다람쥐를 데려다가 땅콩과 딸기 조각을 넣어주었더니 기운을 차려서 박스를 떠난 일이 있습니다. 어딘가에서 또르르 구르며 다니고 있을 줄무늬가 또렷한 땅다람쥐, 땅 다람쥐가 딸기를 좋아하는지 덕분에 알게 되었습니다.

사람이 가까이 한다면 모든 동물은 사람에게 다가오고 싶어 하는 것 아닐까요.

새와 동물과 대화를 나누고 설교를 하셨다는 성 프란시스의 이야기가 생각납니다. 사람을 의지하고 싶고 사람과 사귀며 살고 싶어 하는 것이 동물의 본능 아닐까요. 어쩌면 사람보다 더 끈끈한 가족애를 가지고 사랑을 나누며 살고 있지 않을까 생각해 봅니다.

빨간 새 카디널 수컷은 여전히 '어디 어디'하면서 찾아다니고,

암컷은 어디에선가 포르르 날아와 한 가지에 앉아서 사랑을 속삭입니다. 말이 필요 없는 그들의 사랑 이야기를 듣고 싶습니다. 한순간도 떨어지지 않고 함께 날아오며 함께 날아가는 빨간 새 카디널을 보며 많은 생각이 들고 있습니다.

'함께'라는 말보다 더 아름다운 말이 있을까요.

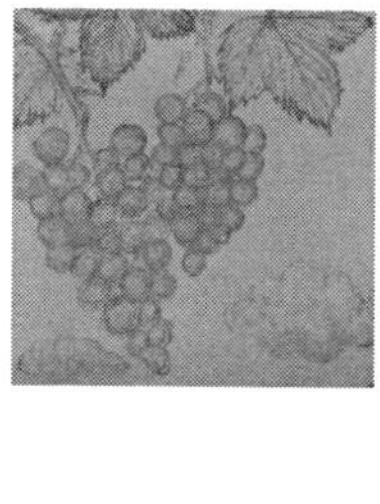

놀라게 해서 미안해

아무래도 이상기온 같아 걱정이 됩니다.

벌써 학교는 여름 방학을 했고 오늘은 즐거운 연휴 노동절입니다. 그런데도 밤엔 싸늘하네요, 작년 오늘 시카고 교외에 사시는 작가 댁으로 나들이 갔던 날은 얼마나 더웠는지 가든파티가 힘들었던 기억이 납니다.

건강을 위하여 도시 근교로 이사 나오신 그분 집의 농장 이상으로 넓은 뜰에는 없는 나물이 없었지요. 굴곡이 있어 아름다운 초원에 일부러 심고 가꾸신 가지가지 이름 모를 식물들이 참으로 보기에 좋았습니다. 덕분에 나누어 주신 쑥과 미나리를 뿌리 채 가지고 와서 심었더니 올해에는 제법 퍼져서 연두 빛 이파리로 쑥밭이며 미나리 밭이 뒷마당 한 귀퉁이에서 귀염둥이 노릇을 하고 있습니다. 한 움큼 뜯어 먹어볼까 하다가 하도 예뻐서 웃으며 돌아섭니다.

밤새 불어댄 비바람에 떨어진 호두나무 꽃술이 애꿎은 잔디만 기를 죽이고 있습니다. 밤꽃보다 작고 가늘지만 비슷한 모양의 호두나무 꽃이 파란 잔디를 덮어 버렸습니다. 올해가 많이 열리는 해인가 봅니다. 제대로 신방은 차렸는지 저렇게 한 번에 다 떨어져도 되는 건지 요.

작년 이때쯤 일어나 커튼을 열다가 깜짝 놀란 적이 있습니다.

메이플 트리 작은 둥지 안에 앉아 있던 새하고 정면으로 얼굴을 마주친 것입니다. 늦잠을 자고 있었는지 아니면 몸살이라도 났는지 작은 둥지 안에서 쉬던 빨간 새는 포르르 날아가 버렸습니다. 어찌나 미안 하던 지요. 노크 안 하고 남의 방문을 열어 제친 것 같았습니다.

오늘 아침에도 깜짝 놀랐습니다. 커튼을 살짝 밀어내는데 창문 바로 밑에서 사슴이 기척을 느꼈는지 마주 보고 있었습니다. 샤워를 막 끝내고 나온 것 같은 자태였습니다. 붉은 기가 도는 브라운 색깔의 윤기가 흐르는 몸매 아마 언니나 오빠 사슴 같았습니다. 움직이려다 말고 고개를 들어 놀란 커다란 눈망울로 올려다보더니 잠시 후에 보랏빛 야생화 밭을 지나 뒷집 정원으로 천천히 가 버렸지요.

사슴과 눈이 마주치다니, 처음 있는 일이었습니다.

이십년 가까이 이곳에 살면서 옆에서 뒤에서 사진은 찍었지만. 착하고 순하게만 보이던 얼굴, 그 사슴과 저는 어떤 인연일까요. 사슴도 저를 기억할 것입니다. 아마 자주 놀러 와서 겨울엔 눈밭에 발자국을 어지러이 만들어 놓았거나 봄엔 향긋한 백합꽃 몽우리를 뜯어 먹었거나 어쩌면 달포 전에 심은 사철 붉은 단풍나무 새순을 몽당몽당 잘라먹은 사슴인지도 모르겠습니다.

얼굴을 보고 나니 아쉬운 마음이 사라지고 말았습니다.

'저렇게 예쁜 사슴이 배가 고팠었구나. 얼마나 배가 고프면 종이처럼 질긴 옥잠화 이파리도 뜯어 먹었을까.' 겨울마다 사철나무 뾰족한 잎은 물론 가지까지 뜯어 먹어서 십년 이상 된 나무가 뼈대만 앙상하고 자라지 못합니다. 올 겨울에는 철망이라도 해줄까 했는데 생각이 달라집니다.

얼굴과 얼굴을 대하고 이야기를 하면 답답하던 마음도 달라지지 않을까요.

인간의 상상력과 이해력에는 한계가 있으며 사람마다 그 능력도 다를 것입니다. 성경에는 지금은 거울로 보는 것 같이 희미하나 그때는 얼굴과 얼굴을 대하여 볼 것이라는 말씀이 있습니다. 한적한 길에서 사람 만나는 것이 두려워진 세상입니다. 목소리 듣는 것조차 불편해서 문자를 보내는 것이 마음 편한 시대이지요. 원하는 시간에 보고, 말하고 싶을 때 답을 보내면 되니까요. 서로 미안할 것도 겸연쩍을 것도 없기 때문입니다.

다시 한 번 생각해 봅니다.

누구를 미안하게 만든 적이 없었는지. 잘한다고 하지만 상대방은 다르게 생각할 수도 있는데, 사과도 안하고 모르는 채로 지나친 적이 없는지. 알면서도 모르는 척 무시해버린 적은 없는지. 마음속에서 울리는 음성에 응답을 피해버린 적은 없었는지. 보이지 않는 곳에서 늘 지켜보시는 하나님 앞에서 부끄러운 적이 얼마나 많이 있었는지.....

그 사슴을 만나면 이야기해 주고 싶습니다. 커튼을 갑자기 열어서 미안하다고요.

어린아이처럼

늙으면 아이가 된다더니 꼭 맞는 이야기인 것 같습니다.

초등학교에 들어가기 전 영화관에 부모님과 함께 갔던 기억이 납니다. '성춘향'이라던가, '창살 없는 감옥'이라는 제목의 영화는 슬픈 내용이었다는 것도 어렴풋이 생각이 나기도 합니다. 친정아버지를 닮아 막내인 저도 서부극 영화를 좋아하는 편이지요. 서부극 영화를 보면 현관문 밖에 흔들의자가 놓여 있고 할아버지 한 분이 굵은 담배를 물고 앉아 계신 것을 많이 볼 수 있습니다. 그런데 요즈음 흔들리는 것이 좋다는 느낌이 온몸을 감싸고 있습니다.

호두나무에 묶여 있던 타이어 그네를 떼어내니 밧줄 자국이 나무를 패어내고 있습니다. '이런 그네 말고 살랑살랑 흔들리는 그네를 삽시다'. 십여 년 전에 산 까만 철 그네가 칠이 벗겨지고 다시 덧칠한 것마저 벗겨져 때 국물이 흐르고 있었습니다. 버리기도 힘든 그네를 어떻게 하나 생각다 못해 다시 칠을 하기로 마음먹었습니다. '에이 모르겠다, 도루 유치해지지 뭐.' 노란 색 페인트를 골랐습니다.

벗겨진 칠을 벗겨내고 노란 칠을 세 벌 하고나니 고물 그네가 새로이 위대한 탄생을 한 것입니다. 뒷마당이 환해지고 어린이 놀이동산이 되었습니다. 그러니 꽃을 심지 않을 수 없습니다. 사르비아와 제라늄 맨드라미를 심어 놓으니 빨강 노랑으로 물든 아기 키우는 집이 되었습니다. 이제는 우리가 어린아이가 될 차례입니다. 아기처럼 자꾸만 밖으로 나가고 싶어집니다. 노랑 그네가 손짓을 해대니 집안에 있을 마음이 없습니다.

노랑 그네를 타고 날아갑니다.

숲과 구름 사이로 아카시아와 상수리나무 어깨 위로 둥둥 떠서 날아갑니다. 마음을 무겁게 하는 섭섭하던 생각이나, 외로운 생각 모두 훌훌 털고 어린 아이처럼 날개를 달고 날아갑니다. 땅에서 발을 뗀 느낌이 이렇게 좋은 것인 줄 몰랐습니다. 아기 적 흔들어 재워주시던 손길이 잠재의식 속에서 부르는지도 모르겠습니다. '둥둥 우리 애기, 잘도 자네 잘도 자네' 곡조 없는 자장가가 기억나지 않지만 들리는 것만 같습니다.

인생의 호흡이 수에 칠 가치가 있느냐고 성경에는 기록되어 있습니다.

방송에서 보면 갑자기 젊어져서 알아볼 수 없는 사람이 나타나기도 합니다. 착각 속에서 살고 있는 것이 아닌지 모르겠습니다. 몇 주 전에 반갑게 만나서 담소를 나누던 분이 주무시다가 의식이 분명하지 않게 되신 분을 문병하고 왔습니다. 웃음조차 마음대로 되지 않는 얼굴이 눈에 선합니다. 모나지 않으시고 속으로 삭이시며 말씀이 적으셨던 분이셨습니다. 차이가 많이 나지 않아도 한참 어른처럼 우리 부부를 아껴주시던 분이셨지요. 말씀도 없이 늘 빙그레 웃으시던 모습, 안타까워 눈시울이 뜨겁습니다.

앞으로 사는 날 동안 할 수 있으면 회개할 일 덜 만들면 하는 것이 간절한 바램입니다. 좋지 않은 기억력 때문에 잘못한 것을 잊어버리면 어떻게 하나, 95가 되신 연세에도 밤마다 몇 시간 씩 명단을 만들어 놓고 기도하시는 친정어머니만큼은 못되어도 손꼽아 볼 수 있는 가족과 친족, 그리고 내게 맡겨주신 영혼을 위하여 기도를 쉬는 죄를 지어서는 안 되는데 생각할수록 내 자신이 작게만 느껴집니다.

주님, 제게 더 큰 이해와 관용을 주세요, 사랑으로 기도할 수 있도록요.....

모르는 게 약이라고?

골짜기에는 이름 모를 꽃 풀들이 많이 있습니다.

겨울 동안 눈 이불 덕분에 잘 보온이 되어서 그런지 3,4월 눈이 다 녹으면 영락없이 파랗게 살아있는 잔디, 눈 속에서 벌써 싹을 내고 잎을 키워내고 있는 잔디를 보면 긴 추위에 얼어붙어 있던 마음이 사르르 녹아내립니다.

잔디와 함께 싹을 티우고 있는 야생풀은 이파리만으로도 우리에게 생기를 넣어주지요. 잠간 사이에 눈에 띠도록 키가 크는 연두색 이파리를 코에 대보면 꽃향기보다 진한 푸르름이 피어오릅니다. '아빠. 이 풀은 꼭 먹어도 되는 나물 같아요', '큰 일 날 소리, 아무 것도 모르면서'. 파랗고 소담하게 뒷마당에 자란자란 자라난 풀을 남편은 사정없이 모우어로 깎아 버립니다.

'어머나! 여기 맨 참나물이네요, 아주 맛있는 나물이예요'. 오늘 아침 장미꽃다발을 가지고 찾아오신 의대 교수님과 부인 권사님이 가르쳐 주셨지요. 소식을 듣고 찾아오신 분 덕분에 야생풀이 귀한 나물인 것을 알게 되었고 먹게 되었습니다.

점심을 먹고 쇼파에서 두어 시간 낮잠을 자고 깨니 이상하게 발이 아팠습니다. 일어나보려고 슬리퍼를 찾으니 슬리퍼에 피가 배어 있었습니다. 일어날 수 없었습니다. '어머나 내 발이...' 양말을 벗고 보니 오른 쪽 복숭아 뼈 밑에서 아직도 피가 나오고 있었습니다. 바늘로 찌른 듯이 아픈 발, 가만히 생각해 보니 점심을 준비하던 중 과도가 떨어졌었는데 반동으로 튀어 찔렀나봅니다.

걸어서 십여 분 거리에 있는 UI대학병원 응급실로 급히 갔습니다. 난생 처음 가본 응급실에는 차를 몰고 온 환자와 가족들이 많이 있었습니다. 거실에서 넘어져 갈비뼈가 다친 아주머니, 머리를 이리저리 봉합한 어린이, 꼼짝 못하고 휠체어에서 신음하는 할아버지 등등. 가벼운 상황이지만 걸을 수 없어 휠체어를 탈 수밖에 없었지요. 어느 정도 다쳤는지 보고난 직원은 손목에 이름표를 달아주었고 그 후에 한 시간 이상을 기다린 후에야 진료실로 들어갔습니다. 50여개가 넘는 응급진료실엔 환자가 가득합니다.

몇 분 의사가 와서 이리저리 만져보고 들여다보고 큰일은 아니라고 결론을 내리고 봉합을 해주고 며칠 아프면 나아질 거라지만 떼를 써서 클러치를 받아 가지고 왔습니다. 발을 딛을 수 없기 때문입니다. 먹으라는 약을 급히 사서 먹고 하루 밤을 지내니 클러치를 사용해야 걸을 수 있지만 아픈 것은 덜합니다. 무서운 과도를 다시 보니 상처 크기로 볼 때 1센티 이상 들어가서 손잡이의 무게로 어디를 건드렸는지 아직 발을 딛지 못합니다.

이 정도의 상처에도 온몸을 쓸 수 없이 아프고 옆에 있는 사람을 놀라게 하는데 지금 이 시간 지구 이곳저곳에서 일어나는 폭력과 살상이 얼마나 많은 사람의 몸과 마음을 상하게 하고 있을까요. 가지고 있는 세력으로 이웃을 위협하는 경우는 얼마나 많은지요. 성경은 미움은 곧 살인이라고 말씀하고 있습니다. 특히 강자 앞에서 약하고 약자 앞에서 강한 부끄러운 모습으로 살아가고 있는 것이 우리 인간 아닐까요.

여러 가지로 사고가 끊이지 않는 세월입니다.

그리고 인간은 청년기 이후로 매일 죽음에 가까이 가고 있습니다. '평안하다 평안하다' 하면서 살고 있지만 그것이 아니라는 것을 절실하게 알았습니다. 덕분에 모르면 계속 모우어로 깎아버렸을 뒤뜰에 풍성하게 자라는 참나물을 알아보게 된 것 너무나 감사합니다. 그동안 참나물이 얼마나 섭섭했을까요.

제 2 부

뜰이 좋아요

'뜰'이란 우리말 참 곱고 아름답지요.

마음에 폭 안기게 한 눈에 들어오고 작으면서도 여유가 있는 한국식의 정원을 뜻하는 말 아닐까요. 친정어머니께서는 임진강 너머 외가댁에 세 개의 뜰이 있었다고 여러 번 말씀하셨습니다. 언제나 기억나신다는 노란 장미가 무척 곱고 환하게 피었었다는 안뜰. 아마 규모가 큰 한옥 가옥에는 그런 뜰이 있었을 것입니다.

지난 가을 LA에 방문해 보니 물이 귀해서 그런지 앞뜰을 콘크리트로 덮은 집들을 보았습니다. 서울에서도 작은 마당을 콘크리트로 덮은 집들을 많이 볼 수 있지요. 대도시 서울에 살면서 가지가지 작은 동물을 키울 수 있던 때가 있었습니다. 3층에 있는 교회 위 옥탑에 살며 넓은 옥상에서 여러 가지 종류의 새와 비둘기 강아지 고양이 토끼 등을 길렀지요.

덕분에 좋은 추억이 된 것은 동물과의 생활이었습니다.

꼼지락거리는 거라면 무조건 좋아하는 저는 어린 시절 주머니에 딱정벌레를 가지고 다녔고 친정아버지는 털이 안 난 생쥐를 잡아 주신 적도 있습니다. 움직이는 것은 왜 그렇게 모두 사랑스러울까요. 하지만 서울에서 교회를 개척하는 일이 얼마나 힘이 드는지 우리는 한적한 곳으로 보내주시기를 기도했습니다.

두 사람의 건강과 아이들의 학업을 고려하신 듯, 하나님께서 보내주신 미국, 한국을 떠나는 시간 3개월 전까지도 상상도 못했던 일이었습니다. 친척도 친구도 하나 없이 시작한 미국에서의 생활. 모든 것이 미리 준비하시고 인도하시고 베푸시는 하나님의 넘치는 은혜였습니다.

울타리가 없는 뜰에서 마음을 열면 누구라도 대답할 것만 같아 사방을 둘러봅니다.

발자국도 안남기고 다녀간 작은 동물들에게 인사를 보냅니다. 아마 늘 보는 사이니 기억하고 있을 것입니다. 우리에게 살아가는 터가 있는 것처럼 그들도 사는 터가 있을 테니까요. 지경이 없으니 자주 다니러 오라고 이야기를 겁니다.

옆집 레니네 집과 우리 집 사이를 마음대로 오가며 뒤뚱거리는 칠면조가 눈에 띕니다. 하나님의 뜰에서 하나님이 만드신 모습대로 오며 가며 사는 것이 좋을 텐데 가로막는 것이 있다면 모두 인간이 만들어 놓은 것이겠지요. 골목에서 땅따먹기를 하던 대로 우리는 조금이라도 넓은 땅을 소유하기를 원하고 있지 않나요.

좁은 한반도에서 살던 기억은 미국에 사는 한국인에게도 크고 넓은 집에 대한 열망을 이루는 것에 성공의 열쇄를 걸고 있는 것처럼 보입니다. 조그만 이 도시 안에도 규모가 몇 배로 큰 집이 길 하나 사이에 두고 마주보고 있습니다. 기드온 협회에서 성경을 전하는 일을 하시다가 90세 까지 해로하신 미첼 할아버지 부부는 천국에 가셨지만 그들이 살던 낡고 작은 집에는 텔레비전이 없던 것이 유독 기억에 남아 있습니다.

걷기 위해서가 아니라 때로는 하늘과 땅을 벗 삼아 숨 쉬고 싶은 마음이 누구에게나 있을 것입니다. 하나님의 뜰에서 하나님과 거닐며 그 음성을 들을 수 있다면 얼마나 행복할까요. 비록 건강이 부실하고 염려되는 일이 계속 이어지지만 하나님의 음성은 능히 사람으로 하여금 충분히 원기를 회복하고 다시 새로운 날을 살아갈 수 있게 하시기 때문입니다.

숲 건너편 마주 보이는 창문에 스탠드 불빛이 황금빛으로 우러나고 작은 별이 돋아나는 까만 밤이 더욱 포근한 것은 잔잔히 미소 띤 눈으로 바라보시는 아버지 하나님이 계시기 때문입니다.

당신의 뜰은 어디에 놓여 있나요.

Be nice

체감 온도가 90도 이상 올라가는 것이 확실히 여름방학이라는 것을 말해주고 있습니다. 5월부터 시작해서 8월 하순까지 3개월에 이르는 긴 시간, 이 시간을 얼마나 유용하게 사용했는가에 따라서 어린이나 학생들 모두 다음 학기의 학습과 자신의 계발에 다른 효과를 얻게 되겠지요.

미국에 와서 처음 중학교 생활을 하게 된 작은 딸은 영어 학습이 백지인 상태로 학교에 가게 되었습니다. 화장실이라는 말을 가르쳐줄 생각도 못한 둔한 엄마 때문에 교내 지도를 가지고 다니며 물어 보았다는 말을 나중에 들었습니다. 그런 상태로 학교를 다녔는데도 성적은 언제나 좋았습니다. 알고 보니 자신의 능력만큼 얼마나 열심히 했는가를 보고 평가를 한다는 것이었습니다.

교사직을 해본 저는 감동을 받았습니다.

사람과 사람 사이에 얼마나 신뢰가 깊으면 이런 제도를 시행할 수가 있을까요. 프로리다에서 뉴욕으로 이사를 가신 영어 지도 선생님은 수년 후에 딸에게 편지를 보내주셨습니다. 학교생활은 어떻게 하고 있는지, 공부는 잘하고 있는지 물으시고 열심히 공부하라고 격려의 말씀을 진지하게 적어 보내셨습니다.

어른과 아이가 모인 곳에서 쉽게 들을 수 있는 대사가 있습니다.

특히 자라나는 아이들을 키우는 엄마의 입에서 자주 나오는 말입니다. 'Be nice !' 어른도 그렇지만 성장기의 아이들은 모이면 부딪치게 마련이지요. 소위 '왕따'라는 말이 생길 정도로 사람이 모이는 곳에서는 다툼이 생기게 마련입니다. 집안에서나 집밖에서나 아이들에게 엄마가 하는 말 중에 제일 많이 하는 말이 이말 아닌가 싶습니다.

'nice'라는 말을 한국말로 바꾸면 '친절한, 자상한, 또는 상냥한'이란 말이 아닐까요? 타인에게 대하는 행동의 자세를 강조하는 것이 일반적인 미국인들의 사고방식이 아닌가 합니다. 아이오와로 이사 오는 중 페오리아라는 도시에 들렀을 때 세탁소를 가르쳐 달라고 부탁했더니 차를 몰고 앞서 가면서 꽤 멀리 떨어져 있는 그곳으로 인도해준 사람이 기억납니다. 그 도시에 낯선 우리는 처음 대하는 그 지역 사람의 따뜻한 태도에 피곤이 사라진 듯했습니다.

슬퍼하거나 마음이 상한 사람 앞에서 하는 말은 예외 없이 'I am sorry'입니다.

붐비는 백화점에서 어깨가 스쳐도, 전화 받느라 혹시 길을 막아도, 카트를 가지고 문 앞에 서있어도, 자동차를 빨리 비켜주지 못해도 하는 말, 아마 하루에 2,3십 번은 미안하다고 말하지 않나 모르겠습니다. 모든 일의 책임이 나한테 있는 것처럼 'I am sorry!' 라고 말합니다. 남의 어려움을 나의 것처럼 받아들이는 것이 몸에 밴듯합니다.

지금은 1가구 1,2가족 시대라고 해도 과언이 아닙니다. 혼자 사는 사람이 많은 셈이지요. 젊은이건 노인이건 혼자 살아가는 사람이 늘어가는 이 시대에 어떻게 살아가야할지 여러 가지 생각이 지나갑니다. 스치는 누군가에게 미소를 보낸다면 이 세상은 다른 세상이 되지 않을까요. 여러 번 같은 부탁을 해도 흔쾌히 도움을 주던 분이 있었습니다. 그분은 누구에게든지 같은 태도로 대하는 것이었지요. 그래서 그런지 늘 바쁘고 부지런한 모습이었습니다.

아이들을 키우면서 다른 사람에게 가지는 태도에 대하여 무슨 말을 주로 했는지 생각해봅니다. 공부하는 것을 그다지 좋아하지 않았기 때문에 공부하라고 재촉한 일은 별로 없었지만 남에게 친절해야 한다고는 자주 말해주지 못한 것 같습니다. 지금부터라도 누구에게나 더 친절하게 대해야지 마음을 먹어봅니다.

재가 된다 할지라도

그제 종일 온 비로 여름이 끝나려니 생각한 것이 착각이었나 봅니다.

꽤나 끈덕진 여름 등쌀에 숲도 기진맥진 했는지 아카시아 나무며 상수리나무며 반은 벗어 제친 모습으로 숨을 모으고 있습니다. 빼꼭한 나뭇가지와 잎사귀 사이로 하늘 구경하기도 어려웠던 여름, 그 숲이 내뿜는 날숨이 얼마나 달콤한지 아는 사람은 알 것입니다. 하지만 그 날숨이 복에 겨워서 푸른 하늘 좀 보자고 툴툴거리는 소리를 들었는지 슬금슬금 이파리를 흩날리던 나무들.

고목은 고목대로 어린 나무는 어린 나무대로 한 해 살아온 것이 기특해서 좀 쉬자고 가을을 부르고 있었을 텐데 가던 발걸음을 멈추고 무엇이 아쉬워 여름은 한 발짝 돌아섰을까요. 길 건너 집 앞 상사화의 그리움과 만날 수 없는 나뭇가지들의 애틋한 이야기를 속으로만 생각하다가 매미 소리에 구슬픈 메아리가 서러워 돌아오고 싶은 것은 아닌지요.

현관 앞의 크랩애플은 꼭 아기 먹이는 유두처럼 생긴 열매를 맺고 있습니다.

돼지의 족발을 고아 먹으며 젖으로만 키운 기억이 새롭습니다. 모유가 좋다는 이유보다도 어릴 때부터 잠이 들면 이리저리 옮겨도 모를 만큼 잠꾸러기인 제가 밤중에 깨어나 젖병에 우유를 타서 먹여야 하는 번거로움을 어찌 감당할까 생각하면 너무도 걱정이 되어서 젖으로만 키운 것입니다.

새들에게 빨리 먹이를 먹이고 싶은 크랩애플은 잎사귀를 일찌감치 거의 다 떨어뜨리고 탐스럽고 붉은 열매를 자랑스럽게 내보이고 있습니다. 그것이 고마웠는지 벌새가 현관 옆에 걸어놓은 꽃바구니에 찾아 왔습니다. 한 마리가 나비처럼 오르내리더니 또 한 마리가 찾아왔습니다. 20년 만에 처음 보는 장면입니다. 하나의 꽃바구니 위에서 짝을 지어 날고 있는 두 마리의 연두 빛 앙증맞은 벌새는 자주 빛 나팔 꽃 모양의 꽃송이마다 입을 맞추며 작은 날개를 파닥이며 오르내렸습니다.

준비해 놓은 카메라가 있었더라면 내셔널 지오그래픽 사진이 부럽지 않은 사진을 찍었을 테지만, 그저 바라보면서 가슴 속에 따스한 기운이 몽글몽글 피어오르는 느낌이 얼마나 큰 축복인 것인지요. 며칠 전에는 데크 밑에 살던 마못이 찾아와 마주 보고 놀다가 사라졌습니다. 데크 밑에서 몇 대에 걸쳐 살고 있었는데 아름드리 암 뽕나무를 잘라버리자 어디론지 이사를 가서 뽕나무 오디가 열리는 때가 되면 생각나던 식구들이었습니다.

이 골짜기를 떠나지 않고 찾아오는 구나 생각하니 모두 다 가족이라는 마음이 푸근해집니다. 오랜만에 나가본 뒷마당에는 들깨나무가 꽃을 피우려고 몽우리를 맺고 있습니다. 키가 훌쩍 커버린 쑥대며 쉬지 않고 정열적인 꽃을 피우고 있는 사르비아와 제라늄,

'그래 너희가 있어 우린 아직 꽃의 계절이야' 칭찬해주었습니다.

꽃망울이 맺히지도 않은 국화꽃 화분을 두 개 사왔습니다.

'황국을 보면서 가을을 기다려야지, 가을은 다시 올 거야, 누가 뭐래도'. 노랗고 작은 국화꽃잎을 따서 말리던 지난해의 기억이 새롭습니다. 피어나는 꽃마다 목을 땄다고 두고두고 시름겨운 마음을 겪은 것 같아서 올해에는 그냥 시들 때까지 두고 보아야 할까 봅니다. 보기에 아름답지 못한 모습이 되더라도 무엇이든 제 명을 다 할 권리는 있는 거니까요, 결국 재가 된다 할지라도...

두 마리 벌새의 향연을 기억하면 따뜻한 가을이 될 것입니다.

바람은 돌며 지나가고 겨울 끝에는 봄이 찾아오겠지요. 바람의 길이 있고 새의 길이 있고 봄의 길이 있는 것입니다. 인간에게 언제나 손짓을 하는 소망이 있는 것처럼.

눈을 감으면 보이지 않겠지 해도 내일을 향한 길과 그 길 끝에 자리 잡고 있는 지워지지 않는 소망이 있습니다. 소망의 이름으로 이른 아침 커튼을 열고 소망의 이름으로 창가에 따뜻한

황금빛 등불을 켭니다. 그 등불이 햇빛을 대신할 수 없는 작은 빛이라 할지라도 노을이 잠드는 저녁마다 소망의 등불을 켜겠습니다.

가을을 낚으며

어느 집 부엌에나 하나쯤은 있는 것입니다.

김밥 마는 작은 대발, 이것을 언제 어디서 샀는지 생각이 나지 않는 걸 보면 꽤 오래 된 것 같은데 사용한 일은 없어서 냉동실에 넣어둔 것을 모처럼 찾아냈습니다. 낚시 노래를 부르는 손자를 위해 피크닉을 가려니 오랜 만에 김밥이 만들고 싶어집니다. 대서양 바다낚시를 많이 했지만 치킨 등으로 보통 도시락을 준비했지 김밥을 싸는 것은 이번이 처음 일이고 보면 손자가 정말 귀하기는 귀한 가 봅니다.

'온통 갈색 투성이 현미밥인데 그걸로 싸야하나? 아니야 손자에게 갈색 김밥을 먹일 수는 없어'. 소화기 장애가 심했던 까닭에 비상시 죽을 끓여 먹으려고 가지고 있던 흰쌀이 남아 있는 것이 얼마나 다행이던 지요. 밥솥에 반쯤 남아있는 현미밥 때문에 수십 년 만에 냄비 밥을 지었습니다. 가량도 모르고 대충 물을 부은 하얀 냄비 밥은 여전히 맛이 있었습니다.

귀동냥한 걸 되새기며 식초 조금에 물 조금, 노란 설탕 조금, 잘 모르니 무조건 조금 씩 섞어서 밥을 헤쳐 놓고, 그제 미리 양념해둔 갈비 살 불고기를 볶아 단무지에 곁들여 요것조것 넣고 꼭꼭 말아 놓은 김밥은 자꾸만 한쪽이 떨어져 기회만 있으면 해부시시 벌어지려고 하기는 했어도 그런대로 맛이 있었습니다. 좀 싱겁기는 했지만.

'오랜만에 하는 일이니 이정도면 수준급이야.' 내심 칭찬을 해가며 따끈한 차와 과일과 함께 새우 미끼를 챙겨 가까운 팍 호수에 도착하니 11시가 넘었습니다. 토요일에다 날씨도 좋아서 앞서가는 차, 따라 들어오는 차가 같이 달리니 놀이공원에 가는 아이들처럼 즐거워집니다. 누군가가 기부한 사유지로 아름다운 능선길이 이리저리 굽이도는 켄트 팍 호수에는 가을 물이 들어 은빛으로 반짝이는 작은 무니의 물결에 둘러선 숲을 가득 담겨 짧은 숨을 쉬고 있습니다.

거의 10년 만에 하는 낚시질. 질이라고 하는 걸 보면 그리 반가운 느낌이 아닙니다. 아마도 남들 바쁠 때 왜 빈둥빈둥 놀고 있어 하는 뉘앙스가 풍깁니다. 낚시하면 강태공의 이야기가 떠오릅니다. 때를 기다릴 줄 아는 사람이 할 수 있는 것이 낚시 아닐까요. 서울에서 목회할 때 가까운 위성 도시에서 낚시 가게를 하는 분이 있어 심방을 간 적이 있었지만 저 역시 낚시에 대한 느낌은 그리 긍정적이지 않았습니다.

정신없이 달리던 10년 목회 뒤에 찾아온 지친 몸과 마음을 하나님께서는 바다낚시를 통해서 어루만져 주시고 피곤을 달래주셨습니다. 바닷가에 서서 낚싯대를 기울이면 종아리 옆으로 헤엄치고 다니던 아기 물고기들 그리고 아기 조개들의 노래와 매스게임을 어찌 잊을 수있을까요.

10년 뒤 또다시 지쳐있을 때도 프로리다로 보내셔서 요양의 시간을 가지게 해주신 하나님, 대륙을 오르내리며 때를 따라 부실한 몸을 쉬게 해주신 은혜를 생각하면 눈물이 저절로 납니다. 제일 맛있다는 참 갈치며 홍어 광어 삼치 게 종류대로 못 잡아본 물고기가 없습니다. 갓 잡아온 해물은 그대로 단맛을 품고 있어서 무엇을 해도 맛이 있지요.

오며 가며 눈에 가득한 싱그런 길, 내기라도 하듯 키를 재고 있는 소나무가 방풍림을 이루고 이름 모를 두껍고 반짝이는 이파리를 자랑하던 열대 나무들과 유도화 가로수길. 아 얼마나 행복하고 아름다운 날들이었는지요.

'그 옛날처럼 물고기를 잡을 수 있을까. 과연 호수에 물고기가 있기나 할까. 물고기가 제일 좋아하는 것이 새우라는 걸 잘 아는 우리는 살아있는 새우 대신 마트에서 머리를 뗀 냉동 새우를 사서 반 봉지 가지고 왔는데, 이것이 먹혀들 것인가'.

손자에게 실망을 주면 안 되는데 마음으로만 오가는 생각이었습니다.

갈라진 땅에 겨우 크릭으로 흐르는 강이 있는 이곳 아이오와,

물이 맑지 못하지만 주위가 깨끗한 곳에서 오염되지 않은 물이 빠지게 만들어 놓은 호수 한쪽의 구멍으로 물이 찰찰 흘러 넘쳐 들어가고 있었습니다. 야전 침대도 펼쳐 놓고 해변 의자도 놓고 중간 낚시를 만들어 던져 봅니다.

'얘네들이 아침 식사 시간도 지났는데 말을 걸어 올까'.

손끝으로 주고받는 대화를 기다리는 시간이 꼬리를 늘이고 지나간다. 낚시를 하는 사람이 여기 저기 보이지만 아무도 잡는 것 같지 않습니다.

"잡았어요!"

딸 낚시에 맨 처음 물고기가 잡혔습니다, 금빛과 연두 빛이 도는 손바닥보다 큰 예쁜 물고기입니다. 비닐 봉투에 담아 물에 띄워 놓았습니다.

"아무래도 물고기가 불쌍하지, 그냥 놓아 주자. 사진은 찍었으니까."

섭섭해 하는 손자를 달래서 놓아 보냈습니다. 조금 지나니 남편 낚시에 괴물이 걸렸습니다.

"큰 일 났네, 이게 뭐지?"

이리저리 힘들게 끌어내보니 60센티는 될 엷은 회색의 입이 큼지막한 메기였습니다.

"재 나이 무척 많을 거야, 가족도 많고 그러니 보내주자." "오케이."

들 수도 없이 크고 무거워 잔디에 눕혀 놓고 사진을 찍고 그냥 돌려 보냈습니다.

아무도 아무것도 잡지 못하는 곳에서 식구마다 한 마리씩 잡게 되다니, 하나님의 선물임에 틀림이 없습니다.

오랜만에 만든 김밥 낚시 피크닉에서 한 아름 선물도 받고나니 입이 열 개라도 할 말이 없어집니다.

'하나님 제가 몰래 불평한 말 다 들으셨지요, 제발 용서하시고 잊어주세요. 더 이상 불평은 없어요. 무슨 일이 있더라도 다 하나님 계획 속에 있으니까요. 그늘에서는 썰렁하지만 양지에서는 따끈따끈한 하나님 사랑의 빛이 언제나 내리고 있어요. 어디에 서 있는지는 자기가 정할 몫인 걸요.'

혹시나 역시나

새벽부터 잠이 깨어 있었습니다. 무슨 일일까요.

시계가 거꾸로 갈 리가 없고 저녁 먹고 찬송 부르고 9시 예배 드리고 나면 그제야 제 시간입니다. 누가 재촉하는 것도 아닌데 하루하루가 60마일의 속도로 달리다 보니 훤한 대낮에는 시간을 못 내고 이렇게 부엉이가 '우엉- 우엉'하는 소리를 들으며 한 마리 늙은 부엉이가 되어 1시 2시가 되도록 부스럭거리고 있는 것입니다.

새벽 4시에 일어나 글을 쓰시는 분은 얼마나 좋은 습관이며 삶의 모습일까요. 급하게 되면 징징 보채는 기도를 드리는 것이 보통인 저는 밤마다 혼자 책상 앞에서 끙끙거리고 있습니다. 그렇게 늦게 잤는데도 4시 전에 깬 잠이 다시 오지 않았습니다. 그럴 때는 무슨 일이 있습니다. 왠지 모를 기대감 반 불안감 반으로 낮 시간을 보내고 있는데 고마운 배달부가 덜커덩 우체동을 건드리는 소리에 해피가 놀라서 소리를 냈지요.

우체부가 넘겨준 것을 받아든 남편이 큰 뭉치를 건네줍니다. "당신 거야" 까맣게 잊어버리고 있었는데 창조문학에서 보내준 가을 호 계간지가 들어있습니다. 그리고 저의 부족한 수필을 인정해주시고 아울러 좋은 평을 주신 것입니다. 하나님께서는 국어 선생님이 되었어도 글을 발표한 적이 없는 저에게 미주문학에서 등단할 수 있는 놀라운 선물을 베풀어 주셨습니다. 그리고 두 권의 시집을 선물로 주셨습니다.

하나님의 부르심을 받은 전도자로서 전하고 싶은 말을 시로 표현하기에는 한계가 있음을 깨달은 후 산문 쓰기에 몰입하게 되었습니다. 하나님의 오묘하신 계획과 섭리를 아리송하지 않게 전하고 싶은 희망이 생겼음을 고백합니다. 오늘 이 시간까지 인도하시고 모든 일마다 간섭하시고 알려주시는 하나님의 사랑을 기억나는 대로 일러드리고 싶었습니다.

며칠 전 남편은 종말이 가까워오는 장면을 또 꿈에 보았다고 합니다. 마지막은 누구에게나 올 수 있겠으나 개인적으로는 누구나 준비해야할 날이기도 합니다. 누가 감히 내일을 장담할 수 있을까요. 금요일마다 스펠링 테스트를 받는 손자 아이는 단어를 쓰다가 'die'라는 단어가 무섭다고 못쓰겠다고 둥그런 눈으로 놀란 표정입니다.

'그건 이사 가는 것과 같단다, 얘야. 잠이 들었다가 깨면 천사가 있는, 네가 엄마보다 먼저라고 엄지손가락 들고 말하는 하나님이 계시는 곳이야. 얼마나 좋아.'

혹시- 하고 동면되어있는 사람이 400여명이 된다고 합니다. '혹시나'가 '역시나'가 될지는 누구도 장담할 수 없겠지만 그렇게 떠나고 싶지 않은 이 세상을 누구든지 떠나야한다는 것은 그리고 그 시간을 모른다는 것은 얼마나 공평하고 미묘한 계획이신가요. 우리는 모두 그 스무고개를 넘어가고 있기 때문입니다. 입에 담기도 섬뜩하고 쓰기도 섬뜩하다는 그 말 뒤의 시간을 우리는 함께 고민을 해 보아야 하지 않을까요...

민들레 되어

삼중으로 된 베이지 색 커튼 사이로 파란 하늘이 보입니다.

4,5층 높이의 메이플 트리, 뽕나무, 아카시아 등의 무성한 나무 때문에 얼굴을 내밀지 못하던 하늘, 지난 몇 차례의 초가을 비바람에 반 이상의 나뭇잎은 떨어져버리고 한결 머리가 가벼워진 나무들이 기지개를 켭니다. 덩달아 기지개를 해봅니다.

가을, 이렇게 시리게 맑고 고운 이름을 지은 우리의 선조들이 정말 자랑스럽습니다. 옷을 갈아입었다고 해서 가을일까요. 가슴이 조금 을씨년스러운 느낌이라 가을일까요. 잘 모르겠지만 너무도 맑고 고운 이름입니다. 괜히 눈시울이 축축해지는 계절, 뚝뚝 떨어지는 나뭇잎을 보며 자신을 다시 돌아보라고 가을이란 계절을 선물로 주신 것은 아닌지요.

어디서 와서 어디로 가는지 모르는 인간을 생각하며 보리수나무 아래에서 일체의 정욕을 버리고 수행에만 힘쓰던 붇다는 참으로 위대한 인류의 스승임에 틀림이 없습니다. 여름 내내 그늘을 만들어주며 인생을 위하여 거꾸로 숨을 쉬던 나무 잎사귀들이 잔디를 덮고 있습니다. 길가에 떨어진 나뭇잎들은 바싹 말라서 가루로 되어갈 것입니다.

하루 동안 사람의 머릿속을 지나치는 생각이 5 만 가지 정도라고 합니다. 나무 이파리의 숫자와 사람의 생각 중에 어느 것이 더 많을까요. 오늘도 내 머리를 지나쳐간 생각이 셀 수 없었음을 고백합니다. 같은 내용을 가지고도 이럴까 저럴까, 아니야 이렇지 저렇지 혼자 꿸 수 없는 구슬을 늘어놓고 얼마나 많은 집을 지었다 헐었는지 모르겠습니다. 그 많은 생각이 결국은 헛것이라고 이 가을에 떨어지는 나뭇잎을 보게 하시는 것일까요.

모처럼 하늘도 볼 겸 단풍도 볼 겸 나선 산책길, 동네 길을 돌아도 반시간은 걸리니 왕복 한 시간입니다. 머리끝 햇볕이 잘 닿는 곳부터 단풍은 나무에 젖어들고 있습니다. 먼저 단풍이 들어 먼저 떨어진 빨간 이파리를 몇 개 주웠습니다. 밤새 별빛에 두근대던 이파리가 병이 났나봅니다. 잎사귀를 줍다보니 봉긋 솟은 조그만 아기 버섯이 보입니다. 연두 빛에 노랑 고운 단풍으로 차려 입은 버섯은 잔디 풀 속에서 의연하게 버티고 있습니다.

비도 없었는데 어떻게 버섯이 나왔을까, 길가 잔디밭에.
뒷마당에서 뾰족한 갈색의 버섯은 보았지만.

자연은 얼마나 조화로운가요. 똑같아야 할 이유도 없고 똑같아야 할 필요도 없는 것이 자연인 것입니다. 자연으로 돌아가라는 말의 의미도 더 절실하게 다가옵니다. 사진을 찍고 보니 가까이에 민들레가 활짝 꽃을 피우고 있습니다. 누가 봄에 피는 민들레라고 했을까요. 여름에도 가을에도 민들레는 피는 것입니다. 여기 저기 조금씩 보이고 작게 들리면 없는 것으로 치는 세상, 군중의 이름으로 군중의 뜻이라고 달려가는 발자국 소리가 요란합니다.

한 사람의 생명을 온 천하보다 귀중히 여기시는 하나님이심을 성경은 말씀하고 있습니다. 게다가 머리카락까지 세시는 하나님은 세어보고 달아보시는 분이시며, 모든 것을 아시고 기억하시고 기록하시는 분이십니다. 그 하나님이 아바 아버지가 되시기에 긴 인류의 역사 동안 참고 기다리며 기도하는 사람들이 언제나 있었던 것입니다. 가난한 자와 애통하는 자와 핍박당하는 자를 위한 말씀이 복음인 것을 기억하면 크고 작은 슬픔이나 고통이 도리어 감사와 즐거움이 되는 경험을 종종 할 수 있습니다.

시간을 정해 놓고 자기 민족과 나라를 위하여 기도하던 사람이라면 다니엘을 따를 사람이 없을 것입니다. 사자 굴의 위협과 풀무불의 죽음 앞에서도 두고 온 조국을 향하여 창문을 열어 놓고 하나님께 애끓는 기도를 드리던 다니엘은 인류의 역사에서 그 위력과 오만함으로 유명한 바빌론이란 나라의 느브갓네살 왕으로 하여금 '네가 믿는 하나님이야말로 이 세상에서 유일하신 참 신'이라고 고백하게 만들었습니다.

뿐만 아니라 바빌론과 메대와 페르샤 세 왕조에 걸쳐 국무총리에 임명되는 놀라운 은총을 입었습니다. 유대인으로서 그와 같은 직책을 행한 것을 보면 그는 하나님과 사람 앞에서 모든 면으로 뛰어난 인물임에 틀림이 없습니다. 몇 년에 한 번씩 사람을 찾아 온 나라가 들끓는 이 땅에서 그와 같은 사람을 이 시대에 기대한다면 너무나 큰 망상일까요.

여전히 하늘은 푸르고 투명한 숲길 꿈결처럼 아름다운 동네 앞길을 걸으며 다시 다가올 봄을 기대합니다. 가을 길가에 홀로 피어있는 민들레처럼.

아름다운 시절

옥수수 콩밭 사이에 어울리지 않게 반듯한 빌딩이 보입니다. 결혼 39주년 기념 외식을 하러가는 길, 유난히 맑은 하늘과 햇살이 눈이 부시다고 손자는 선글라스를 사 달라 합니다. 그 날도 이렇게 고운 날씨였는지 생각이 나지 않습니다.

언니 덕분에 어릴 때부터 미용실에 잘 들락거리던 저는 머리 만지는 것이 별로 대수롭지 않아서 규율부 검사가 있는 날이면 교실에서 친구들의 머리를 눈에 띄는 부분만 잘라주곤 했던 기억이 있습니다. 결혼 당일의 화장도 어려운 생각이 들지 않아서 남들이 다하는 신부 화장도 하지 않고 머리만 간단하게 미용실 신세를 지고 언니 도움으로 집에서 대충 준비를 한 기억이 납니다.

새로 지은 천여 명 들어가는 교회당에는 빈자리가 많이 있었습니다. 국어를 사랑한다고 정했던 한글날 결혼식, 하필 토요일이라서 연휴를 즐기려는 인파는 길을 메우고 있었지요. 이럭저럭 결혼식을 끝내고 고속버스를 타고부터 문제는 발생했는데 바보스런 그이와 저는 호텔 예약을 하지도 않은 것입니다.

북적거리는 인파 속에서 가는 곳마다 호텔은 만원이었고 할 수 없이 작은 모텔에 들어갈 수밖에 없었던 신혼여행. 가방을 챙겨 옮기고 또 옮기고, 그렇게 아무것도 모르는 우리에게 또 다른 사건이 기다리고 있었으니 그것은 커다란 신혼여행 가방 손잡이가 고장이 나서 바닥에 떨어져 열려진 가방에서는 내용물이 흘러나온 것입니다. 그 후 망가진 커다란 가방을 남편은 안고 다녀야 했습니다.

결혼식 중 신부를 맞는 신랑의 자리가 바뀌자 목사님은 처음 하는 결혼식이라 그렇다고 좌중을 웃게 만드셨지요. 처음 하는 결혼식답게 연속 해프닝을 연출하면서 시작된 결혼 생활은 벌써 40년이 되어갑니다. 딸에게 이 일을 이야기하면서 눈물을 흘렸습니다. 그때는 정말 속이 많이 상했었지요.

대기업에서 매년 승진하며 잘나가던 남편과 저를 하나님께서는 부르셨습니다. 직장을 그만두고 신학교를 다니고 교회를 개척하고 또 미국으로 이주를 하고, 미국 땅에서 횡단을 하고 종단을 하고, 은퇴를 하고 생각하니 모든 것이 꿈만 같은 시간이었습니다. 실하지 못한 몸으로 선교사로 나가겠다고 기도했을 때 하나님은 미국으로 보내주셔서 특별 종교비자로 오게 되었고 결국은 이곳 대학 병원 옆에서 살게 해주셨습니다.

아이오와 대학 병원의 가정의는 남편과 동년배의 감리교 목사님 아들입니다. 그래서 그런지 척하면 삼천리로 시원치 않은 영어를 잘 알아듣고 이해를 해줍니다. 이제는 오랜 친구처럼 가까워져서 만나면 사소한 일도 자세히 이야기를 주고받는 사이가 되었습니다.

모든 걸 미리 아시고 인도하시고 준비하시는 하나님께서는 겁이 많고 소심한 저를 위하여 자동차도 천천히 다니는 작은 마을에 살게 하셨습니다. 이 끝에서 저 끝까지 30분도 걸리지 않는 이 작은 도시는 학문의 열기가 가득한 운치 있는 마을입니다.

오늘은 UI 대학 홈 캄잉 경기가 있는지 골목마다 우성거리는 소리가 가득합니다. 노랗고 까만 색깔의 매를 가슴에 달고 있는 티셔츠를 파는 간이 상점이 스타디움 앞 길가에 즐비하고, 부지런히 오가는 발걸음과 흘러나오는 경기 중계방송과 음악 소리로 학교 옆 동네에 사는 우리에게 가을은 축제의 계절입니다. 수만 명 관중이 들어가는 경기장 옆을 돌아가는 산책길에는 늘 경기장의 함성이 울려 퍼지고 있습니다.

젊음은 얼마나 아름답고 활기차고 풋풋한 시절인가요. 가능성의 문이 모두 열려있는 그 시절을 하나님 은혜로 무사히 보내고 이렇게 노년의 시간을 가질 수 있다는 것만으로도 감사하기만 합니다. 젊은 세대를 언제나 가까이서 볼 수 있는 것도 감사합니다. 저 젊은이들의 앞날이 모두 평탄하기를 빌어주고 싶습니다. 하나님의 인도하심을 받아 행복한 삶을 이루어가기를, 악한 것에 물들지 말기를, 지금 가지고 있는 꿈을 다 이루게 되기를...

영혼의 닻

이번 가을에는 심술이 붙어 있습니다.

때 아니게 춥고 덥더니 비바람이 밤새 몰아치던 날이 며칠 지나고 마을 어귀 단풍나무며 메이플트리며 가지각색의 나무들의 속살이 어느새 드러나 버리고 고운 단풍은 꿈도 꾸지 못하게 되어버렸습니다. 무엇 때문일까요. 무엇 때문에 매년 자랑스럽게 펼치던 칼라 매스게임을 그만두고 가을이 그냥 지나가려 할까요.

저녁에 안부 전화를 드렸더니 아흔이 넘으신 친정어머니는 미국에 대하여 아시는 게 더 많으십니다. '요즘 엘에이에 산사태가 크게 일어났대, 미국 땅에 편치 않은 일이 많은가 봐'. 한국 뉴스도 미국 뉴스도 선거 이야기도 나중에 알게 되는 것이 마음 편해서 일체 안보고 안 듣고 지내는 지 한참 되었습니다. 보도매체를 통해서 들리는 소식이 대부분 모르고 있었으면 하는 이야기가 많아서 어렴풋이 듣고 싶은 것이 지금의 심정입니다.

그제 저녁 식사를 시작하려는데 벨이 울렸습니다. 밤에 찾아올 사람이 없는데 누가 찾아왔습니다. 남의 우편물 함을 만지는 것이 금기인 미국에서는 남의 정원에 마음대로 들어가는 것이 실례로 알로 있습니다. 고속도로에서 손을 들고 있는 사람을 태워 주려면 결과는 자신이 책임을 져야만 합니다. 어두운 밤에 누군가에게 문을 열어주는 것도 위험한 일의 하나인 것입니다.

고민하다가 현관문을 열고 보니 머리가 하얀 노인이 자신에게 투표를 하라고 선거운동을 하고 다니고 있었습니다. 시의원에 출마한 할머니는 변호사 출신의 인텔리 할머니셨습니다. 은퇴하신 분들이 자원봉사로 대학교 옆 동네의 시정을 돌보겠다고 하시는 것입니다.

나무 크는 소리도 들릴 만큼 고요한 마을에 사는 우리에게 친정어머니는 국제 전화로 세계에서 발생하는 문제를 말씀해주십니다. 이스라엘과 팔레스타인이 큰일을 벌이고 있다고, 아무래도 걱정이 된다고 하십니다. 새벽 세 네 시까지 온 밤을 새워 기도하시는 어머니의 기도는 가족과 이웃을 지나 국경을 넘나들고 있습니다.

고등학생 시절 교회에서 부흥회가 열리면 어머니는 꼭 참석하라고 하셨습니다. 학원가는 핑계를 대고 저녁에 강의를 들으려 가면 전혀 쉬는 일이 없는 H선생님의 명 강의가 휴강을 해서 신기하게도 부흥회에 참석할 수밖에 없었습니다. 머리꼭지가 끈에 매달린 것만 같아서 도망칠 궁리를 하며 한편으로는 그 어머니의 하나님이 지켜보시는 눈길에서 벗어나고만 싶던 청소년기였지요.

그 하나님이 마침내 나의 하나님이 되셔서 부르셨습니다.

부족하고 허물 많은 저를 종이라고 부르셨을 때 어머니의 전도 가방을 들고 다니고 싶었습니다. 새벽 기도 가시면 기다리다 못해 아버지가 지어주신 밥을 먹고 대학교에 다닌 저는 그 가방이 정말 싫었었는데 하나님의 부르심을 받으니 그게 아니었습니다.

불러주신 것만도 얼마나 감사하고 행복한지요.

이름을 불러주시는 하나님, 위로의 손길로 만져주시는 하나님, 하나님의 사랑과 은혜를 맛본 자 외에는 누가 그 맛을 알까요. 모든 것 위에 뛰어나신 하나님의 평강이 붙잡고 계시기에 비가 오나 바람이 부나 고개를 넘으며 영혼의 닻을 주님의 포근한 항구에 내리고 감사로 찬송을 부르는 것입니다.

참나무 가지에 마른 나뭇잎이 반도 남지 않았는데 벌써 10월 중순이 지나갑니다. 사람도 자연도 그 길을 따라가야만 합니다. 이제까지 그래왔던 것처럼 하나님의 말씀은 곧 능력이 되셔서 순종하도록 하시기 때문입니다. 감사하게도.

열매를 맺기까지

지금은 밤 12시 국화가 오돌오돌 떨고 있을 것입니다.

아무리 서리 속에서 피어난다 하지만 추운 것은 추운 거니까요. 할로윈 데이가 가까워 오니 추위도 제 자리를 잡아 갑니다. '나 여기 있어' 하고 겨울이 현관문을 밀치고 들어올 것만 같습니다. 달콤한 옥수수를 만들기 위하여 해는 잠시 달아오르고 검은 땅은 열기에 부풀어 올랐나봅니다.

고원이지만 워낙 천천히 올라오는 경사가 그 높이를 느끼지 못하게 하는 대륙. 스모키 마운틴의 산길은 그야말로 대륙의 큰 산맥 같아서 아무리 올라와도 끝이 없는 비틀거리지도 않는 산길이었습니다. 산길과 평원이 끝나는 곳에 펼쳐진 완만한 초원은 조금 경사가 있는 땅이라서 과일나무도 잘 자라나 봅니다.

뒷마당에 한쪽 끝이 뾰족한 미국 배나무와 체리 나무가 자라고 있었는데 열매가 다 떨어진 늦가을 모르고 잘라버리고 말았습니다. 보기 흉하다고 잘라버린 나무가 체리 나무임을 봄이 되어서야 알았습니다. 조금 기울어진 게 무에 대수라고 열심히 열매를 맺던 나무를 자르다니, 두고두고 미안한 적이 있습니다.

깊어가는 가을 십여 년 전 다녀온 사과 농장이 궁금해집니다.

주말에 과수원을 찾았습니다. 가는 날이 장날이라고 오픈하는 기간이 거의 끝나가는 주말이라 사람과 자동차가 바글바글 북새를 치고 있었습니다. 전에 없던 간이 식당차들이 즐비하고 맑고 고운 가을 햇살 아래 단풍으로 단장한 언덕과 골짜기에는 여기저기 사람들이 떼를 지어 다니고 있었습니다.

사과 농장이 넓어서 투어를 위하여 개조된 트럭이 사파리를 달리는 자동차처럼 준비되어 있습니다. '악어를 조심해야 해요', 하얀 머리에 일흔이 넘어 보이는 할아버지가 조크를 하십니다. 자동차를 운전하시는 분이었습니다. 가다보니 얕은 개울이 건너가는데 자동차 뒷부분이 물에 철벅거립니다. 진흙탕 물에서 악어가 나올 것만 같습니다.

처음 보는 광경에 손자는 흥분해서 큰 소리로 외칩니다, '사과 따러 가요, 사과 따러 가요', 씨즌 끝이라 남겨둔 곳이 제일 먼 곳인데 돌아오는 길에는 차를 탈 수가 없습니다. 걷기 힘든 사람들이 내리지 않고 타고 돌기 때문입니다. 사과나무 아래에는 미처 따지 못한 사과 천지입니다. 봉투도 씌우지 않은 따끈따끈한 햇볕에 잘 익은 사과가 기다리고 있었습니다. 수분은 좀 날아갔지만 얼마나 달고 맛이 있는지.

흠터도 없는 사과를 반 바구니 채워 들고 오는 길에 어른 엉덩이보다 훨씬 큰 호박 밭을 지나갑니다. 제자리에서 할머니가 된 호박들이 잘 참고 앉아 있습니다. 손자는 호박에 그림을 그리겠다고 합니다. 흥분해서 사과를 따가지고 온 손자는 사과를 찾지도 않습니다. 오늘 오후 학교에서 돌아온 아이에게 사과 먹으라고 말을 해도 별 반응이 없습니다. 아침에 먹으면 황금사과라는 생각으로 부지런히 찾아먹는 저하고는 영 다릅니다. 무엇이 그렇게 들뜨게 했을까요.

열매는 보는 것만으로도 즐겁습니다.

식물이 꽃이나 피우고 만다면 이 세상도 인류의 생명도 유지될 수 없었을 것입니다. 열매가 있어 기다림 속에 기쁨이 있고 세상은 더욱 풍성해지는 것 아닌지요. 꽃이 떨어진 자리에서 소망의 씨방은 부풀어 오르고 인내의 시간을 견딘 소망은 알알이 익어 주인에게 기쁨의 결실을 안겨주는 것입니다.

한 알의 밀알이 되셔서 죽으심으로 주님은 우리에게 씨앗을 남기셨습니다.

그리고 인내하는 믿음으로 맺는 열매를 기다리고 계십니다. 고난과 수고의 광야 길에서 우리를 인도하시고 지켜주실 뿐만 아니라 감추어두신 은혜로 성경은 삼십 배 육십 배 백 배의 열매를 얻을 것임을 약속하고 계시는 것입니다. 눈앞에 열매가 보이지 않는다고 낙심하지 마세요. 흔들리지 않고 기다리는 사람에게 열매는 찾아올 것이니까요...

찾아가는 이웃

내일이 할로윈 데이라는데 손자는 연두 빛 호박 모양 플래스틱 바구니를 들고 옆의 옆집 친구를 만난다고 현관을 나섭니다. 일기 예보에서 내일 비가 온다고 해서 집집이 방문을 하며 캔디를 받는 행사를 오늘로 당긴다는 것입니다.

할로윈 데이라고 마트마다 가지가지 복장과 가면을 늘어놓고 있지만 남의 일이니 하고 살았는데 여덟 살짜리 손자가 집에 있으니 이젠 더 이상 남의 일이 아닙니다. 벌써 이달 초에 무서운 것을 싫어하는 손자를 위해 피에로의 빨강 코, 노랑 빨강 파랑 색으로 된 가발과 호박이 웃고 있는 셔츠를 준비해두었습니다. 사탕을 담을 바구니와 함께.

그저 호박 귀신의 날이라는 생각으로 누가 찾아오는 것도 무엇을 나누어주는 것도 싫어서 불을 다 끄고 꼼짝도 하지 않고 저녁 시간을 보내던 것이 연례 행사였지요. 현관의 등이 나가고 그라지 코너에 달린 불만 자동으로 들어오고 나가는데 어쩌나 싶어서 올해는 호박 모양의 사기 등 안에 작은 촛불을 켜 놓으니 그런대로 기다리는 사람이 있다는 표시가 되었습니다.

미국에 와서 배운 것이 누가 집안에 있으면 현관 앞에 등을 켜 놓는 일입니다. 얼마나 친근하고 따뜻한 풍습인가요. 아무리 약속을 했다 해도 집안에 누군가 기다리고 있다는 표시는 항구에 서 있는 등대에 불이 켜 있는 것과 같이 보입니다. 언제나 누군가 기다리는 사람이 있는 사람이야말로 행복한 사람이 아닐까요.

해가 아주 떨어지고 컴컴해져 와도 손자는 들어오지 않습니다. 골목 친구와 함께 온 동네를 다니고 있는 모양입니다. 꽤 찬 날씨인데 셔츠만 두 겹 달랑 입고 나간 아이가 걱정이 되지만 할로윈 행사에 좋아하는 친구들과 함께 얼마나 즐거울까 생각하니 나도 덩달아 즐거워집니다.

“띵동” 벨이 울리고 해피가 신이 나서 난리 법석을 칩니다. 누가 오는 걸 반가워하는 해피는 기분이 좋다는 게 소리 지르는 일입니다. 내다보니 세 남자 아이를 데리고 젊은 아빠가 문 앞에 서있고 제일 작은 아이는 아빠의 어깨 위에 앉아 있습니다. 웃음으로 인사를 보내고 캔디를 나누어 주었지요. 추운 날씨에 아이들을 즐겁게 해주려고 길을 나선 아빠의 미소 속에 세상에 없는 평안함이 가득합니다.

스타워즈 복장을 한 일가족 네 사람, 얼굴에 알록달록 칠을 한 다섯 아이들과 어른, 중학교는 갈 법한 큰 아들과 점잖은 신사, 등등 몇 그룹이 다녀간 저녁, 해피는 문 사이로 달려 나가 짧은 꼬리를 흔들며 반겨 인사를 합니다. 아이들도 무서워하지 않고 좋아하는 것이 마냥 어린애가 된 기분이 들었습니다. 내년에는 우리도 재미있는 복장을 하고 동네를 누비고 다녀볼까요.

한 동네에 오래 살면서도 얼굴도 못 본 사람들을 만나고 인사를 나누게 된 것이 이 행사의 가장 유익한 점이라는 걸 알았습니다. 너도 나도 살기 바빠서 차 안에서 어쩌다 "하이"하고 손 흔들고 지나가는데 이렇게 방문을 하니 어디에 어떤 사람이 산다는 걸 기억할 수 있어 또다시 만나도 즐거운 일이 아닌가 싶습니다. 지난여름에는 누가 우체통에 초대장을 놓고 갔는데 알고 보니 골목 끝에 있는 집에서 키우던 염소를 다른 곳에 보내기 전에 원하는 사람에게 보여주고 스낵도 대접하겠다는 초대장이었습니다.

컴퓨터에 많은 시간을 보내고 사는 요즈음 이렇게 이웃 사람들과 서로 오가며 함께한다는 것은 얼마나 정답고 따뜻한 일인지요. 손자가 스쿨버스를 타고 학교 다니는 덕분에 정거장에서 함께 타는 아이들의 가족과도 알게 되었다고 남편은 좋아하고 있습니다. 매일 같은 시각에 만나다 보니 인사를 하게 되고 이야기도 나누게 되었다는 것입니다. 아이들을 통해 그 집의 식구가 몇 명인지, 저녁은 몇 시에 먹는지 알게 되니 이미 오래 알고 있는 느낌이 들었습니다.

오랜 세월 함께 살고 있는 양쪽 이웃집은 오늘 어떤 손님이

왔는지 밤새 잠을 잘 잤는지 짐작할 수 있습니다. 속담에도 이웃사촌이란 말이 있는 걸 보면 이웃이 얼마나 중요한지 알 수 있지요. 미국 사람들이 집을 살 때 첫째가 전망, 둘째가 이웃이라는 말이 있습니다. 맹자 어머니의 삼천지교 이야기처럼 이웃은 서로에게 큰 영향을 주고받는 것이기 때문입니다.

우리의 변함없는 이웃은 누구일까요.

강도 만난 이웃을 구하여 치료받게 해주고 안전한 곳에 보호해준 선한 사마리아인의 비유를 말씀하신 그분은 도움을 구하는 누구에게나 착한 이웃이 되셔서 세상살이로 찌들은 육체와 마음의 상처를 치료해주시는 분이십니다. 지금 이 시간에도 두 팔 벌리고 기다리시며, 요청만 하면 만나주시는 그분과 만나는 행운을 소유할 수 있다면 나뭇잎 굴러가는 소리가 스산한 이 가을밤이 더 이상 외롭지는 않을 거예요.

만두와 함께

무대 커튼을 열고 가을이 성큼 들어오고 있습니다.

여름내 닫혀 있던 숲에 소리 없이 나타나는 눈부신 조명, 공평하신 하나님은 가을부터 봄이 다가오도록 하늘 길을 열어주시고 쨍그렁 울릴 것만 같은 햇살을 서쪽 창에 부어주고 계십니다.

창문을 열지 않아도 싱그러운 공기를 내어주는 산세베리아가 더욱 고마운 계절이 돌아오고 있습니다. 커튼에 가려 보이지 않던 게 발 선인장의 붉은 꽃송이가 뾰족하게 입술을 내미는 아기 꽃망울에게 작은 손가락을 펴 보이고 있네요.

점심에는 냉동 피자를 익혀먹고 저녁에는 만두를 구워 먹다보니 참으로 좁아진 세상 국제적으로 먹고 사는구나 생각이 듭니다. 원래 만두는 중국에서 전래된 것으로 옛날 삼국시대 촉한의 유비에게 대단히 재능이 뛰어난 사람 제갈공명이 있었습니다. 그가 남만 지금의 동남아시아 지역을 정벌할 때에 강물이 유독한 것을 알고 고기를 다져 반죽을 해서 사람의 머리 모양으로 만들어 강물에 던지며 제사를 드렸더니 해독이 되었다는 고사가 있습니다.

그것이 전해져서 가지가지 속을 밀가루 반죽한 것으로 싸서 국으로 또는 물만두 튀김만두로 먹는데 주로 북쪽 음식이지요. 부모님의 고향이 북쪽이다 보니 자연스럽게 만두나 잡채 녹두전 등을 좋아하게 되었습니다. 어디에 살아도 나이가 들어도 변하지 않는 것이 식사 습관이 아닌가 합니다.

처음 이곳으로 이사 왔을 때 그 당시 30년 가까이 미국에서 사셨다는 분 말씀이 나이가 들으니까 삼시 세끼 토종 한국식으로 식사를 하신다고 하셨습니다. 된장찌개를 매끼 드시는데 그것이 제일 몸에도 좋다는 것이었습니다. 시간이 지나고 보니 그 말씀이 옳다는 생각이 듭니다. 다른 아무리 좋은 것을 먹어도 편하지 않다는 걸 알았습니다. 삶의 지혜가 뛰어난 우리의 조상이 자랑스러울 뿐입니다.

몸과 마음이 가뿐한 오늘 만두가 만들고 싶어집니다.

마르사 스튜어트 요리 시간을 보다가 배운 방법을 써볼 생각입니다. 30분 정해진 시간에 아기자기한 디저트까지 만들어내는 요리사들을 보면 나도 모르게 탄성이 나옵니다. 미리 준비된 은빛 무늬 접시에 담아내는 케익과 그 위에 윤기 나는 빨간 소스, 침이 저절로 넘어 갑니다. 손길도 빠르게 움직이는 그녀의 잔잔한 미소와 부엌 창밖의 풍경이 얼마나 잘 어우러지는지요.

잘 익은 김치에 마침 얼리지 않은 고기도 있어 쉽지 않은 만두 만들기를 11시 30분에 시작했습니다. 비장의 무기는 바로 푸드 프로세스, 오래전 사 두었지만 쓰지 않아서 광에 두었던 것을 그녀의 요리 과정을 보고 꺼내다 두었지요.

푹 삶으면 제일 맛있는 부분의 돼지고기를 넉넉히 손가락 마디 만하게 썰어서 먼저 프로세스에 돌려 대충 작게 만들어 놓고 다음에는 김치 몇 움큼과 양파 한 개를 큼직하게 썰어 함께 적당히 다져냅니다. 그리고 미디엄으로 단단한 두부를 두 개 넣어 손으로 잘 으깨어 섞고 참기를 마늘 파를 넣으니 만두 속 준비가 끝났습니다.

다음에는 씻어낸 프로세스에 밀가루 몇 컵 기름 조금 달걀 한 개 물 적당히 넣고 돌리니 반죽이 되었지요. 커다란 도마 위에서 만두피를 밀어내고 속을 넣었습니다. 집에서 만든 속과 만두피로 큼직한 만두를 만들어 끓는 멸치 국물에 끓여 내니 12시 20분 정확하게 점심시간이 되었습니다.

참으로 오랜만에 꼭 같지는 않지만 친정어머니 표 만두를 만들어 먹으니 꼭 새해 첫날 같은 기분이 들었습니다. '오늘 한 살 더 먹었네, 그래도 좋아.' 마르사 스튜어트에게 고맙다는 말을 꼭 하고 싶습니다. 예전 같으면 칼로 썰고 다지고 쥐어짜고, 주무르고 생각만 해도 힘이 들어서 할 수 없이 사 먹거나 그만 두거나 할 텐데, 생각난 김에 만들어 먹으니 감사하기 짝이 없습니다.

해도 해도 끝이 없고 한 자리도 없지만 목숨이 붙어 있는 날까지 해야 하는 일이 부엌일이지요. 몇 년 전부터 남편은 현미밥 짓는 일을 도맡아 하고 있습니다. 닭의 껍질 벗기는 일이라든가, 저녁마다 부엌 쓰레기 버리는 일도 당번입니다. 한국에서 지내는 동안 남편이 저녁마다 음식 쓰레기를 들고 나가 아파트 분리수거 통에 버린 후부터 쓰레기를 들고 다니는 남정네가 점점 많아지게 된 일이 있습니다.

남보다 먼저 하는 일은 용기가 필요하지요. 용기보다 앞서는 것이 아내 사랑 아닐까요. 수고를 아끼지 않는 남편 덕분에 오늘도 만둣국을 점심으로 먹게 되었습니다. 두고 온 고향을 생각하면서, 두고 온 친정어머니 형제들 생각에 콧등이 시큰― 하면서... 긴 겨울 만둣국으로 향수에 푹 젖어 보겠습니다.

단짝

밤 10시부터 오전 10시까지 꼭 12시간을 누워있었습니다. 정확하게 말하면 11시간은 잠이 들어있었고 한 시간은 누워 있던 셈이지요. 아침에도 손끝까지 힘이 오지 않아서 눈은 뜨고도 누워 있었다는 게 옳은 표현일 것입니다.

어제 하루 병원에서 지낸 것이 시원치 않은 기운을 몽땅 빼앗아 가버렸습니다. 아침 10시 출발해서 5분 거리의 병원에 갔다가 저녁 6시 반쯤 돌아온 것이 된 일이었나 봅니다. 정상이 아닌 남편의 왼쪽 귀를 수술하라고 의사는 십여 년 전부터 충고를 했었지만 미루고 미루다가 청력이 떨어지기 시작하자 어쩔 수 없이 할 수 밖에 없었던 일입니다.

은퇴할 나이가 되도록 약은 먹어야 하지만 별다른 수술 없이 살아온 것이 대단히 감사한 일이었음을 새삼스럽게 느꼈습니다. 한 시간이면 충분하다는 수술이라지만 수술은 수술인지라 긴장이 되었습니다. 손상된 고막을 재생하는 수술인데 이 대학병원이 이비인후과 치료로는 미국에서 손가락을 꼽는 병원이란 사실도 감사한 일이었지요.

우편으로 목욕하는 비누도 보내왔습니다. 모든 것이 신기하기만 하였습니다. 귀를 수술하는데 입은 것을 다 벗고 가운을 입고 대기실에서 기다리는 시간이 두 시간 이상 지났습니다. 귀를 임플란트 수술하는 바로 앞 환자의 수술이 생각보다 늦어진다는 것입니다.

왜 귀를 임플란트 하는 것일까. 생각만 해도 모골이 송연해집니다. 무슨 이야기를 들으면 왜 여러 가지 쓸데없는 생각을 하는, 나도 모르고 있던 내 버릇을 딸이 이야기해 주었습니다.

"이상한 생각을 엄마는 왜 하시는 거예요, 참 신기하네요."

"엄마 머리는 참 복잡하겠어"

귀를 수술한다니까 10년 전 뇌종양 수술하던 생각이 납니다. 감마 나이프라는 광선으로 쬐는 수술이라지만 머리에 드릴로 구멍을 뚫던 그 소리는 잊을 수가 없습니다. 쇠로 만든 투구를 씌우고 좌표에 맞게 송송 뚫린 구멍으로 광선을 쏘아서 계속 커지고 있는 종양을 자라지 못하게 하는 수술이었지요.

네 군데에 못을 박아 투구를 씌울 때 건들건들 반은 조는 상태에서 '예수님은 가시관을 쓰셨다는데 나는 쇠 투구를 쓰네, 생각으로 죄를 많이 지어서 그런가보네' 중얼거린 기억이 납니다. 무사히 끝난 수술 덕분에 종양은 더 이상 자라지 않고 이렇게 글을 쓰고 있는 걸 생각하면 감사하기 짝이 없습니다.

대기실에서 가지고 간 뜨개질도 하다가 전화기도 보다가 싸가지고 간 샌드위치도 먹다가 수술 시간이 되었습니다. 상냥한 간호사가 자세히 설명을 해준 후에 예쁜 여의사는 귀에 표시를 해주고 그이를 데리고 갑니다. 처음 가는 수술실은 참 두려울 것입니다.

가만히 생각해보니 남편은 저의 수술 앞에서 많이 떨었다는데 저는 조금은 담담했던 것 같습니다. 두 번이나 아이를 낳았으니까요. 하늘이 노랗게 되어서야 태어나는 생명의 신비를 남성들은 상상도 못할 것입니다. 어쩌면 그래서 어머니가 더 강하다는 말이 생긴 것이 아닌지 모르겠습니다.

친구도 없이 고집쟁이인 아내만 의지하고 사십 년 가까이 지내온 남편을 생각하니 기다리는 시간이 길기만 합니다. 한 시간 한다는 수술이 두 시간 반 지나서야 회복실에 온 그이를 만날 수 있었습니다. 아주 잠든 것도 아니고 부분 마취라는데 어지러워 정신을 차리지 못합니다. 월체어를 타고 온 병원 주차장에서 종일 먹은 것도 없이 남편은 돌아서서 한참을 토하고 있습니다.

병원에서 바로 5분 거리에 살게 하신 것이 이유가 있는 일이었습니다. 그렇게 지낸 하루가 무에 그리 힘들다고 하루의 반을 누워 지낸 것입니다. 아물지도 못한 상태인데도 다행히 남편은 들리는 것이 전보다 낫다고 합니다. 먼저 늙어가는 남편의 청력을 미리 아시고 볼보아주시고 치료하게 해주신 하나님께 감사할 뿐입니다.

들리지 않는 사람과 들리는 사람 누가 더 답답할까요.

진실한 파워

며칠 전 아침입니다. 토요일이라 학교에 가지 않은 부지런한 손자도 일어나 있었습니다. "전기가 나갔어요." 전기가 나가니 모든 게 황망하기 짝이 없습니다. 베이글도 구울 수 없고 좋아하는 아몬드 밀크 한 잔 따듯하게 만들 수가 없으니, 미국 사람들이 전기를 파워라고 하는 이유를 알 것만 같습니다.

힘이 있어야 일어나 움직이듯 평범한 집도 전기가 안 들어오니 집 구실을 못하고 있는 것입니다. 나간 지 30분 지났으나 두 시간 반은 더 있어야 들어온다는 전기를 기다릴 수 없어 아직 따뜻한 현미밥을 반 공기 담고 차가운 콩나물을 그 위에 세 젓갈 얹으니 그럴듯한 콩나물밥이 되었습니다.

미지근한 콩나물밥에 차가운 김치를 몇 쪽 먹으며 생각해 봅니다. '나는 왜 이렇게 콩나물을 좋아하지?' 콩밭과 옥수수 밭에 둘러싸여 살게 된 것도 감사하고 마음 놓고 콩을 실컷 먹을 수 있는 것도 얼마나 감사한지 모르겠습니다. 피난에서 돌아와 4남매의 막내인 저를 낳으신 어머니는 많이 허약해진 중에 6년이나 되는 터울아래 아기를 가지셔서 뱃속에서 움직이게 된 후에야 임신한 사실을 아셨다고 합니다.

어느 월말이었을까. 쌀이 달랑달랑하던 때 어머닌 콩나물죽을 만드셨다는데 그것이 맛이 있었는지 막내가 콩나물죽이 또 먹고 싶다고 할 때 어머니께서는 아버지가 돈을 많이 벌어 와야 만들어줄 수 있다고 대답하셨다고 합니다. 그 후로 가끔 저는 아버지가 돈 많이 벌어왔느냐고 물었다고 합니다. 그래서인지 죽이라는 것이 저에게는 아주 느낌이 좋은 음식입니다. 모든 죽이 다 그렇습니다. 지혜로운 어머니 말씀 덕분이지요.

죽 뿐 아니라 콩나물은 제일 좋아하는 반찬 중의 하나입니다. 거의 매끼 떨어뜨리지 않고 먹습니다. 가족 모두 함께 좋아해서 감사한 일이지요. 요즘은 어떻게 키우는지 길이도 적당하게 잘 키우고 깨끗하게 포장된 콩나물을 사 먹으니 그것도 감사합니다. 잘 포장된 콩나물은 보관도 쉽고 오래갑니다. 이렇게 바다 건너 작은 시골 마을에서 먹고 싶은 걸 마음껏 먹을 수 있다니 우리는 얼마나 행복한 시대에 태어난 것일까요. 우리보다 20년 먼저 이민 온 사람들은 한국 음식을 먹기가 어려웠다고 들었습니다. 고추장이며 부식이며 바꾸기 어려운 입맛을 어떻게 감당했을까요.

두 시간 반 자나야 들어온다는 전기는 30분이 지나자 들어왔습니다. 동네 소식통인 손자에 의하면 다람쥐가 변압기 통을 갉아서 그렇다는 것입니다. 세상에 조그만 다람쥐가 그런 짓을 하다니, 울타리 위를 달려가는 다람쥐를 보면 한 입에 호두 알맹이를 두 개나 물고 있습니다. 빤히 보이는 데크 위에 앉아 엄두도 못 낼 호두를 두 손으로 들고 야금야금 구멍을 내고 먹는 모습을 보면 그 손목과 턱뼈의 힘을 가늠할 수가 없습니다. 어떻게 그 딱딱한 호두를 들고 송편 먹듯이 뜯어 먹을까요.

'그러나 저러나 갈색 까만색 하얀색 색깔은 달라도 잘도 어울려서 사는 다람쥐들 중에 누가 전깃줄을 망가뜨려 놓았을까. 그 녀석의 몸은 괜찮은 것일까. 놀라 떨어져 죽지는 않았을까.'

한국에서 가져온 하루살이나 모기를 잡는 전기 모기 채를 가끔 사용하곤 합니다. 약한 전류가 흐르는지 어쩌다 하루살이가 부딪치게 되면 '딱—' 소리도 요란합니다. 그런데 신기한 것은 어떤 경우에 요란한 소리가 나게 전기 충격을 받았음에도 불구하고 잠시 기절한 하루살이가 시간이 조금 지나면 일어나 부시럭 부시럭 움직인다는 점이지요.

만일 다람쥐가 전기에 감전이 되었다면 그 당시 얼마나 요란한 소리가 났을까요. 손자 말이 어디선가 '펑'소리가 났다고 합니다. 그리고 전기가 나갔다는 것입니다. 불쌍한 다람쥐, 꼬리를 흔들며 다가오는 강아지처럼 꼬리를 흔들어 더욱 귀여운 다람쥐가 가엽기만 합니다.

전기에 감전되어 두 팔과 한 다리를 잃은 간호사가 자신이 받은 은혜를 간증하는 것을 보았습니다. 그리고 전기 사고가 얼마나 무서운 것인지 그때 알게 되었습니다. 고압선이 지나가는 병원 옥상에 비 오는 날 올라갔다가 갑자기 내리치는 번개에 그런 깊은 장애를 입었다는 것입니다.

이런 저런 생각을 하고 있을 때 전화가 울립니다. 전기회사에서 온 전화였습니다. 전기가 들어왔느냐고 불편이 없느냐고 집마다 전화로 다시 확인을 하고 있었습니다. 말 한 마디로 관심과 마음을 전할 수 있는데 왜 서로 못하고 살고 있는지요. 관심도 가져 주는 것이며 걱정도 해 주는 것이지요. 말도 걸어주는 것이며, 전화도 걸어주는 것이며 인사도 먼저 해 주는 것입니다.

일방적인 사랑, 그것이 하나님의 사랑입니다.

인간의 사랑은 조건이 따릅니다. 조건이 충족되지 않으면 이루어질 수 없는 것이 인간의 사랑입니다. 자신을 버리고 인간이 되셔서 인간의 한정적인 삶의 고통을 직접 몸으로 체험하시고 그 문제를 해결해 주시기 위하여 죽으신 하나님. 그래서 '신은 죽었다'라고 했는지도 모릅니다. 죽으실 수 있는 하나님이시기에 사실 수도 있는 것입니다.

영원토록 변치 않으시는 사랑으로 이 시간도 목 놓아 부르시는 유일하신 그분께 배워야할 것은 사랑입니다, 비록 나누어 주는 것이 어렵고 힘들지라도...

제 3 부

온기를 나누어요

찬 기운이 옷깃으로 스며드는 계절이 돌아옵니다.

여름내 뜨거운 열기를 빨아들이고 상큼한 숨을 내어주던 숲은 고맙게도 제 몸을 갈라내고 길을 만들어 햇빛을 보내주고 있습니다. 벽난로를 피워야 했을 예전의 겨울은 몹시도 추웠을 것입니다. 지금이야 손가락 하나로 온도 조절이 되지만 이전의 노인들에게는 여름과 겨울이 쉽지 않은 계절이었을 것입니다.

옥수수 알갱이에 단맛을 더해주는 햇볕을 여름내 차단해주던 숲을 뚫고 집안에 깊숙이 찾아드는 햇빛, 몸과 마음이 가라앉기 쉬운 이 계절에 고목나무 가지 사이를 역광으로 비춰주는 햇빛은 만져보고 싶을 만큼 온화한 선물이지요.

체온이 1도 올라가면 면역력이 두 배가 된다고 해서 운동이나 사우나를 열심히 하는 주위사람들의 모습을 봅니다. 아궁이에 불이 꺼지면 온 방안이 냉랭하듯이 우리의 생명도 온기에 있는 것 아닌가 합니다. 먹는 것도 몸의 온기를 유지하기 위해서 끊임없이 반복해야 하는 것이며 생명체는 이것 때문에 산다고 해도 과언이 아니겠지요.

초등학교 앞에서 갓 부화된 병아리를 팔던 시절이 있었습니다. 어미 품에서 자라야 할 새끼들을 인공으로 부화시켜서 상자에 담아 길가에 내어 놓으면 그 삐약거리는 소리에 발길을 멈추고 들여다 볼 수밖에 없었습니다. 꼼지락거리는 것을 유난히 좋아해서 두어 마리 사가지고 신학교 강의실에 들어간 적이 있었지요.

조용한 강의실에서 지금은 은퇴하신 교회사의 대가 선 교수님의 명 강의를 멈추시게 하는 일이 생기고야 말았습니다. 그 병아리들을 개척교회 옆방 꼬마전구를 켜 놓은 상자 안에서 키웠습니다. 몸뚱이가 손가락 마디보다 작은 아기 병아리들이 하루가 멀다 하고 부실해지면 전자 밥통 위에 올려놓았지요.

바들바들 떨며 금방이라도 죽을 것만 같던 병아리는 온기만으로 다시 기력을 찾고는 했습니다. 아이들 자라는데 좋은 경험이 되었으리라고 생각됩니다. 생명을 가진 모든 것들은 온기를 잃을 때 생명을 잃어가는 것 아닐까요. 어느 곳에서든 따뜻함을 얻을 수 있다면 다시금 기운을 차릴 수 있을 것입니다.

우리는 종종 '사람은 무엇으로 사는 가'라는 주제로 말하고 쓰는 것을 좋아합니다.

그리고 쉽게 결론을 내리기도 합니다. 일종의 공식 같아서 그건 그래하고 말이지요. 모두 다 알고 있는 이야기인 듯 깊이 생각 하거나 주위를 돌아볼 생각을 하지 않기 쉽지요. 남의 일에 관심을 두지 않는 것이 최상이라고 생각하는 시대가 되었습니다.

공돈이 들어가는 것 같아서 전화도 생략하고 문자로 주고받는 시대이기도 합니다. 남의 감정은 알고 싶지도 않고 감정을 노출시키는 것도 불편하기 때문입니다. 이웃이 사라진지 오래라고 하면 지나친 말일까요. 이 작은 도시에서는 얼마 전부터 주민들이 함께 안전을 지키는 것에 대하여 의논을 하고 있습니다. 안전을 방해하는 모든 것은 공공의 적이 되고 있는 것입니다.

세계적인 유산이라고 할 도시 파리에서의 테러로 아까운 인명이 많이 스러지고 사람들이 고통과 슬픔에 잠겨 있습니다. 대책 없는 이런 종류의 테러에 어떻게 대처할 것인가 전전긍긍하고 있는 것을 봅니다. 만나본 일 없는 소수 사람들의 악행 때문에 싸우는 것에 대하여 전혀 무지한 많은 사람들이 마음으로부터 평안을 잃고 있습니다.

멀리 떨어진 곳에서 애통하고 속으로 분노할 뿐입니다. 어떻게 인간의 모습으로 고귀한 생명을 마음대로 휘두를 수 있는지 참담할 뿐이지요. 무엇이 그들을 잔인한 살인기계로 전락시켰을까요. 욕심은 죄를 낳고, 죄는 사망을 낳는다고 성경은 말씀합니다. 주어진 만큼 누리고, 주어진 만큼 베풀며, 주어진 만큼 나누면 이 세상은 조금 더 따뜻해지지 않을까요.

며칠 전부터 손자는 돌아오는 1월에 열한 살이 되는 강아지 해피에게 자기가 밥을 주겠다고 합니다. 밥이라야 스팀한 양배추와 당근 몇 조각과 이가 약한 해피를 위해 캔에 들어있는 닭고기가 포함된 사료 몇 조각을 잘게 부수어 주는 것이지요. 오늘에서야 알았습니다. 해피 밥을 주겠다고 조르는 이유를요. 해피를 위하여 식사기도를 한다는 것입니다.

"끝날 때를 기다리지도 않고 해피가 다 먹었어요."

해피를 위해, 해피를 대신해서 기도하는 아이, 웃을 수가 없었습니다, 하지만 해님은 창으로 미소를 보내고 있었습니다.

너는 나의 운명

어제 쓴 글을 다시 보고 있는데 손자가 슬그머니 들어섭니다. 쭈뼛쭈뼛하는 목소리로 '할머니 조금 일찍 주무시는 게 좋아요, 눈이 아프시면 어떻게 해요, 할머니가 안 아프면 좋겠어요.' 대강 이런 이야기입니다.

이제 초등학교 3학년, 엄마 부르고 그 다음은 영어로 말을 하는 아이가 우리말을 하니 대강 이라고 할 수밖에 없습니다. 하지만 얼마나 정다운 일인가요. 일가친척 하나 없는 미국 땅에 나의 몸을 걱정해주는 사람이 하나 더 생겼다는 것은 얼마나 큰 축복일까요.

중학교부터 단짝이던 친구와 내내 한 반으로 지내다가 같은 대학 같은 과를 졸업했습니다. 그리고 우리의 운명 같은 인연 때문에도 다른 친구를 깊이 사귈 기회가 없었습니다. 물론 만나서 같이 웃고 수다 떠들고 하던 친구는 있지만 그 친구와의 관계와는 비교할 수 없어서 우리는 누가 보기에도 특별한 사이였습니다.

중학교 3학년 여름 방학 동안 갑자기 커진 키 때문에 개학한 후 처음 조회 시간에 뒤로 쫓겨 갈 수밖에 없었습니다. 사춘기에 겪은 그 슬픔은 말할 수 없이 큰 영향을 주어서 그 뒤로는 정처 없는 생활의 연속이라는 생각이 듭니다. 같은 자리에 앉지 못해서 더욱 애틋하던 두 사람. 대학교 시절 어떤 교수님은 두 사람이 동성연애 하느냐고 놀리시기도 하셨습니다. 아무 말 하지 않아도 마음이 통하던 그 친구와 주고받은 편지가 남편이 보낸 편지에 버금갈 정도입니다.

겉봉투는 버리고 알맹이 편지만 철해 놓은 것을 며칠 전 서랍에서 우연히 발견했습니다. 하루에 한 번씩 꼬박꼬박 보낸 남편의 편지도 에메랄드빛으로 반짝이는 철로 만든 상자 안에 고이 모셔 있었습니다. 어떤 날은 두 통의 편지가 동시에 배달되기도 해서 친정아버지는 웃으시기도 하셨던 남편의 편지입니다. 그러고 보면 우리 세 사람 모두 편지쓰기를 좋아하는 것도 닮은 모양입니다.

수없이 또한 멀리 끌고 다닌 이삿짐 속에서 놓치지 않고 보관해둔 것이 자랑스럽습니다. 무엇과도 바꿀 수 없는 보물인 것만 같습니다. 한 철 그렇게 지나간 청춘의 시절에 마음껏 애태우고 그리워하고 꿈꾸던 시간이 있었음을 지니고 있을 수 있다는 것, 지금이라면 무엇으로 남겨놓을 수 있을까요. 한 글자 한 글자 속에 정겹고 따뜻한 마음을 담아 실어 보낼 수 있는 열정이 지금 우리에게 남아있나요.

누가 뭐래도 너는 나의 우정이야, 나의 사랑이야, 마음껏 고백해 보셨나요. 내어 놓고 어딘가에 남겨 보았나요. 그래서 그런지 멀리 바다 건너 떨어져 한동안 뜸하게 지내도 뜬금없이 꿈에 나타나 기도하게 만드는 이름, 말하지 않아도 우리는 서로가 서로의 심장 속에 숨 쉬고 있음을 느낄 수 있습니다.

겉옷을 벗은 채 차곡차곡 챙겨져 있는 그리운 날들의 기록을 몸도 마음도 말끔히 씻어내고 만져보고 싶습니다. 아직도 살아있는 씨앗으로 언제든 옥토에 떨어질 날을 기다리는 알갱이 연두 빛 꿈이 살아 숨 쉬고 있습니다. 수없이 빚어놓은 약속의 조각들이 살아 숨 쉬고 있는 한 우리의 내일은 언제나 은빛으로 반짝이고 있을 것만 같습니다.

'함께'라는 이름으로 이곳저곳에서 힘든 일을 겪으며 위로부터 부어주시는 용기로 디디고 올라온 계단, 혹시 가파른 절벽이 기다린다 해도 내려다보지 마십시오. 독수리 날개로 준비하시고 기다리시는 하나님을 기대하세요. 이곳까지 인도하신 분이 바로 에벤에셀의 하나님이심을 아시나요. 인생의 계단 끝머리에서 손 내밀고 기다리시는 주님을 바라보세요. 깊은 한숨을 찬양으로 몰아내면서 말이죠...

나 여기 있어

한 뼘이나 내린 첫눈에 타조의 몸뚱이처럼 옆으로 퍼져있는 카나디안 소나무 가지가 힘이 들까봐 플래스틱 눈삽으로 등을 살살 두드리며 치워주었습니다. 라일락 가지는 가지 끝에 하얀 벙어리장갑을 끼고 있습니다. 모든 자연의 모습을 제 모습보다 아름답게 가꾸어주는 눈이 신기합니다.

봄여름 가을 두고 보시다가 이젠 덮어주어야 한다고 생각하시는 모양입니다. 조석변개라는 말처럼 들어갈 때 다르고 나올 때 달라지는 것이 인간의 마음인데 1년 주기로 바뀌는 걸 보면 아마도 자연은 '성'이 '대'자임이 분명합니다. 그래서 대자연이라 부르는 가 봅니다.

처음 만났을 때 3층 높이였던 참나무는 이제 6,7층 높이로 키가 자랐습니다. 여기 저기 뾰족이 고개를 내미는 나무 새순을 그냥 두었다면 잔디밭은 다 사라졌을 것입니다. 가을에 떨어진 나무 씨앗이 언제 자라서 잔디 사이로 봄에 올라오는지 잡아당겨 보면 꽤 깊숙이 박힌 나무의 뿌리가 어린 싹보다 훨씬 길어 보입니다.

곧게 자라기로 유명한 것은 백송이지만 아카시아도 한몫을 합니다. 나무의 끝이 하도 멀어서 아예 올려다보지도 않고 다닙니다. 어디에서 나무의 새 가지를 키우는지 어느 날 갑자기 하얀이 팝 쌀 같은 꽃 몽우리가 바람에 날리기 시작하면 특별한 노래가 생각나게 하는 나무. 그 향기에 취해서 앨러지가 생기는지도 모르고 정원에서 봄의 향기에 젖어보던 4월.

눈 위에 떨어진 뽕나무 낙엽을 애처롭게 바라보면서 가을을 보냈습니다.

추수감사절이 되기 전에 먼저 찾아온 함박눈으로 벌써 라디오에서는 캐롤이 울려 퍼집니다. 오후 나른한 잠간의 햇볕으로는 함박눈을 다 녹여버리기에 역부족입니다. 새벽마다 찾아오는 북풍은 아직도 쌔근쌔근 숨을 몰아쉬는 황국 이파리에게 엄포를 부리고 있습니다.

내일까지 살아만 있어, 무슨 일이 있어도 내가 지켜줄게. 작년에 국화꽃을 몽땅 따서 말린 죄로 힘든 시간을 보내고도 아쉬움에 겨워 또 국화꽃을 말렸습니다. 가을비에 고개를 숙이고 있는 것을 보다 못해 말린 후, 더 예쁜 색으로 마른 국화꽃차를 이웃 사촌들에게 나누어 주었습니다. 하늘거리는 주홍색 종이에 싸서 집록 에 넣은 샛노랑 국화꽃차를 받은 그들은 놀라고 좋아했지요.

'어떻게 이렇게 예쁜 색으로 말렸어요?'

신기하게도 노랑 국화 꽃 색깔이 그대로 고스란히 남아있습니다. 아무 것도 다르게 한 것이 없는데. 똑같은 피아노 위에서 똑같은 천정의 팬을 돌리고 말렸는데, 웬일일까요. 더구나 작년에는 보송보송한 꽃을 말렸고 올해는 비에 푹 젖은 걸 말렸는데 아무래도 알 수가 없습니다. 꽃도 제 맘이 있는 모양입니다. 우리 눈에는 보이지 않고 들리지 않는 목소리가 얼마나 많을까요. 설명될 수 없고 변명할 수 없는 일들은 얼마나 많을까요.

수년 동안 들었던 목소리의 주인공을 만날 수 있었습니다. '우—엉, 우—엉.' 골짜기를 울리던 소리, 마음이 무거울 때는 무거운 듯이, 가벼울 때는 가벼운 듯이, 즐거울 때는 즐거운 듯이 괴로울 때는 괴로운 듯이 들리던 부엉이 소리. 가끔 찾아와 나 여기 있어 라고 말하던 소리의 주인공을 보았습니다. 부엌 창밖 아름드리 수 뽕나무 굵은 가지에 앉아서 집안을 들여다보던 커다란 눈. 알고 있다는 듯 들여다보는 눈가의 둥근 털 모양이 너무도 뚜렷해서 그 부엉이 임을 단번에 알았습니다. 갈색과 하얀 무늬의 깃털, 180도 완전히 돌아가는 목으로 사방을 살피던 부엉이는 한 시간 이상 앉아서 지켜보고 있다가 날아갔습니다.

그 커다란 눈을 잊지 못할 것입니다. 방충망이 없는 통유리 창으로 겨우 잡아본 부엉이의 눈은 사진에도 뚜렷이 남아있습니다. 옛날 사람들은 비둘기나 매의 발에 편지를 담은 통을 담아 급한 소식을 주고받기도 했다는데 창밖에 오래 머물던 부엉이의 깊고 큰 눈은 잊을 수 없는 추억이 될 것입니다. 부엉이의 추억을 남겨준 가을, 유난히도 깔 고운 황국 꽃차를 남겨준 가을이 뒷모습을 보여주고 있습니다. 멀리 뒷걸음 하며 아물아물 사라져갑니다.

토막 난 나무도, 번개에 쓰러진 나무도, 쓰러진 옆집의 갈대도 덮어주는 고마운 눈입니다. 위에서 보시는 분께서는 가끔 호청으로 사용하시나봅니다. 지난 1년 동안 묻어놓았던 생각을 다 꺼내봅니다. 까끌까끌한 것, 뾰족한 것, 움푹 패인 것, 찔린 것, 튀어나온 것, 아무데도 쓸 데 없는, 재활용조차 할 수도 없는 조각들이 수북합니다. 버릴 곳도 마땅치 않은 남루한 부스러기들은 모아서 퍼즐조차 할 수도 없습니다.

다시 오지 않을 순간의 알갱이들이 흩어져 찬바람에 쓸리며 무심했다고 속삭이고 있습니다. 사도 바울이 그의 가시로 인해 세 번 기도했을 때 하나님께는 '내 은혜가 네게 족하도다' 라고 말씀하셨습니다. 은혜가 족한 것뿐입니다. 이렇게 앉아 있는 것, 돌아볼 수 있는 것, 그리고 미소 지을 수 있는 것, 찬양하며 감사할 수 있는 것, 이 모두가 감사한 것입니다. 이렇게 글을 쓸 수 있는 것까지도...

영혼의 샘물

통나무집에서 눈발이 날리는 추운 감사절을 지키던 신대륙의 선조들은 이날 살아있음에 얼마나 깊은 감사를 드렸을까요. 마음씨 고운 인디언들에게 배운 농사를 지어 비바람 속에 거둔 결실 앞에서 손에 손을 잡고 뜨거운 눈물을 흘렸을 것입니다. 추석 때나 한 달 앞선 할로윈 데이쯤이면 좋을 텐데 하면서 눈은 마트에 있는 냉동실 안의 칠면조를 들여다봅니다.

일 년 중 제일 북적이는 가게에는 이맘때면 꼭 한 그루 사는 포인세티아도 눈에 떱니다. 빌로도 같은 진한 붉은 꽃은 가족의 소식을 기다리는 어머니의 마음 아닌가 싶습니다. 붉다 못해 검게 탄 꽃잎은 자식 걱정에 눈물을 삼키며 지내온 어머니의 부은 심장처럼 보입니다. 소식도 모르고 지내던 옛날 어머니들은 포인세티아 꽃을 가슴에 새기면서 사셨을 것입니다.

칠면조 대신 어린아이 머리만한 햄 한 뭉치를 사가지고 오는 길에 길을 막 건너려는 다람쥐를 보았습니다. 제 몸뚱이만한 낙엽 다발을 물고 길을 건너다가 자동차 소리를 들었는지 뒤로 돌아갑니다. 호두 대신 낙엽을 물고 앞이 보이지도 않는 길을 달리는 다람쥐는 분명히 부지런한 엄마 다람쥐일 것만 같습니다. 겨우살이 차비하느라고 옹이구멍 안에 이불처럼 깔아 놓는 것이겠지요.

키가 얼마나 큰지 보이지도 않는 아카시아 옹이구멍에 다람쥐 가족이 살고 있습니다. 까만 다람쥐 하얀 다람쥐 회색 다람쥐 가족입니다. 구멍 근처에서 오르내리며 술래잡기를 하는 다람쥐가 지난봄에는 연두 빛 나뭇잎을 물고 집으로 올라가는 것을 보았습니다. 새살림을 차리는지 커다란 메이플 트리 잎을 물고 올라가는 것이 귀엽고 대견스러웠지요.

사람이나 동물이나 때맞춰 차비를 하도록 하나님은 만드셨나 봅니다. 인간보다 더욱 예민한 감각으로 이상한 징후나 지각 변동을 미리알고 먼저 몸을 피하는 작고 큰 동물들. 어쩌면 우리가 모르는 그들만의 경험과 상식을 전수하는 방법이 더욱 다채로운 것은 아닐까 생각도 해봅니다. 날이 차가와지면 벌써 알고 집안으로 들어오려는 작은 벌레도 자기 살 궁리를 하려는 것이겠지요.

겨울이 온다고 이것저것 자꾸만 사오는 것이 늘어나는 것을 보면 사람도 어쩔 수 없이 환경에 지배를 받는 동물이라고 할 수 밖에 없습니다. 4월에 눈이 오기도 하는 이곳에서는 긴 겨울 동안 오도가도 못하게 많이 올 눈을 대비해서 몇 달의 양식은 준비해 두어야합니다. 몸살을 앓고 있는 지구의 이상 기온으로 아무리 문명이 발달한 곳이라고 해도 비상시는 언제나 발생할 수 있기 때문입니다.

인간은 누구나 비상시를 대비해야할 책임이 있습니다. 아무도 자신의 상태를 알 수 없고 대신해줄 수 없기 때문입니다. 흘러가는 세월에 몸을 맡겨버린다면 우리는 성경에 나오는 준비하지 못한, 미련한 다섯 처녀중 하나가 될 것입니다. 겨울이 매년 돌아오는 이유는 겨울을 준비하라고 가르쳐주려는 것 아닐까요. 영혼의 양식도 떨어지고 식어가는 몸으로 하나님 앞에 서야한다면 얼마나 두려운 일일까요.

영혼의 샘물에 기쁨이 흘러넘치게 된다면 우리는 크고 작은 슬픔의 강을 넉넉히 건너갈 수 있습니다. 아무도 함께 할 수 없는 두려움이나 염려도 넉넉히 넘어갈 수 있습니다. 어둠이 몰려와 나를 삼키려 해도 결코 주저앉지 않을 것입니다.

마르지 않는 생수를 주시려고 오신 예수 그리스도, 그분을 주인으로 마음에 영접하시기 바랍니다. 비록 포도나무에 결실이 많지 않고, 외양간이 비어 있다 해도 이 순간도 살아계시며 내 영혼의 주인이 되시는 주님께서 함께 하시면 삭막하고 메마른 광야 길이 즐거움이 이슬처럼 내리는 길이 될 것입니다. 뿐만 아니라 존귀한 자로 여기시고 목마른 우리의 영혼에 이른 비와 늦은 비로 부어주실 것이니까요.

가장 큰 선물

부르륵 부르륵 요란한 소리가 창밖에서 들려옵니다. 주말에 온다던 첫눈이 저녁부터 내리기 시작했습니다. 첫눈이 함박눈이 되어 내일까지 온다고 합니다. 밤새 쌓일까봐 눈을 치우는 차의 소리가 집안까지 울립니다. 첫눈이라는 말에 십대 아이들처럼 싱숭생숭해져서 오후에는 박스에 담아 스토리지 룸에 고이 모셔두었던 성탄절 장식들을 꺼냈습니다.

다음 주가 추수감사절인데 벌써 옆집은 마당 높은 나무 가지에 걸어놓는 트리를 지난주부터 벌써 걸어놓기 시작했습니다. 동년배인 그 부부도 나이가 드니 추운 날 밖에서 하는 일이 힘들어 점점 빨리 시작하는 눈치입니다. 여름 내내 거실에 세워둔 파인 트리는 지난주부터 깜박이 불을 켰지요. 그것만으로도 마음이 부풀어옵니다. 오늘은 창문에 둥근 모양의 소나무 가지 엮은 장식을 걸고 양쪽에 전기 촛대를 세우니 성탄절을 기다리는 마음이 더욱 간절해집니다.

학교에서 돌아오는 길에 보고 손자는 신이 나서 트리장식을 시작하자고 졸라댑니다. 기다림은 성탄절의 대명사지요. 어른 아이 모두 성탄절을 기다립니다. 크리스챤이건 아니건 누구나 성탄절을 좋아합니다. 왜 그럴까요. 선물을 기대할 수 있기 때문입니다. 선물과 상과의 차이는 무엇일까요. 선물은 잘한 일이 없어도 받을 수 있는 것이고, 상은 다른 사람과 비교해보아서 잘해야 받는 것입니다.

성탄절에는 누구나 선물을 기다릴 권리가 있습니다. 왜 선물 안주는 거야라고 말할 수 있는 날이지요. 그렇게 이유 없이 즐거운 날을 선물로 주신 하나님은 실제로 인류의 역사에서 단 한 번의 사건을 가장 큰 선물로 주셨습니다. 그 사건을 만드시기 위하여 태초부터 계획하시고 약속하시고 기다리셨습니다. 기다림의 역사는 곧 구속의 역사이며 기다림의 역사는 인류의 역사이며 기다림의 역사는 사탄과의 의로운 싸움의 역사입니다.

기다린다 기다린다 해도 아기 예수님을 기다리던 사람들만 할까요. 대망의 메시야를 기다리던 사람들은 오랜 세월 약속을 기다리며 기도했습니다. 길고 긴 스므고개 수수꺼끼처럼 이해할 수 없는 사건 속에서 하나님은 일하시고 계셨습니다. 죽음과 구원의 문제로 고민하던 지혜로운 사람들에게 하나님은 계시의 말씀으로 빛을 비추어 주셨지요.

인간의 죄에 대하여 고민하던 위대한 스승들은 인류에게 작은 등불을 비춰주었습니다. 그리고 그들은 사치와 향락과 인간의 정욕에서 절제하는 생활로 존경을 받았습니다. 어떻게 하면 인간이 죄악으로 가득한 세상에서 구원을 받을 수 있을까 생각하는 사상이 가장 널리 퍼진 때에 주님은 비천한 인간의 모습으로 이미 약속되고 계시된 곳에 오셨습니다. 참으로 하나님의 때가 찼을 때 주님은 식민지 나라에서 왕 중 왕의 모습으로 오신 것입니다.

이렇게 함박눈이 날리지는 않았겠지만 광야의 추운 계절의 밤, 인구 조사를 하기 위하여 고향 땅으로 호적 하러 간 수 많은 여행객 틈에서 만삭의 어머니 마리아는 방이 없어 말이 잠자는 곳에서 아기를 낳아 말 먹이통에 아기 예수님을 뉘여 놓았습니다. 낮고 천한 인간의 고통을 몸소 당하신 주님, 성경은 그것을 '체휼'이라는 단어로 표현합니다. 직접 겪어보셨다는 뜻이지요. 아버지도 왕손, 어머니도 왕손의 가정에서 태어나 목수이신 아버지 요셉을 도우며 자라신 예수님은 가정의 화목과 책임의 의미도 체휼하셨을 것입니다.

자기가 죽으면 두 손을 관 밖으로 내놓게 하라고 한 알렉산더 대왕처럼 서른셋의 혈기 왕성한 나이에, 제자들을 키우시고 허물이 많은 그들에게 사명을 맡기시고 '다 이루었다'는 말씀을 남기셨습니다. 3년 동안 생활을 함께 하며 보고 배운 제자들로 인하여 로마는 기독교 국가로 정복이 되었습니다. 그리고 이제까지 말도 많은 현재 교회의 모습으로 사도행전은 계속 이어지고 있는 것입니다.

인간은 미완성입니다, 그러나 하나님은 완전하십니다.

인간의 생애는 풀의 꽃과 같습니다, 그러나 하나님은 영원하십니다.

인간의 생각은 언제나 변하지만 하나님의 계획은 끝내 이루어집니다.

성경에는 오그라드는 병에 걸린 사람 이야기나 나옵니다. 팔이 오그라든 자, 온몸이 오그라든 자가 있습니다. 모습과 모양은 다르지만 지금도 불안 때문에 술과 마약 등으로 자신을 잊으려고 애쓰다가 그것의 노예가 되어버린 사람들이 많이 있습니다.

사탄의 방법은 사람이 정신이 온전해져서 자신의 죄를 하나님 앞에 회개하여 새사람이 되는 것을 방해하는 것입니다. 한시라도 깨어 있지 않으면 안됩니다. 영혼을 훔쳐가려는 자가 기회를 엿보고 있기 때문입니다.

무엇이 당신을 주저하게 만드시나요
보이지 않는 마음의 사슬을 끊어버리십시오.
하나님의 평강이 생각을 지켜주실 것입니다.

내일 눈이 그치면 온 하늘과 땅이 하얗게 변할 것입니다. 마치 성탄의 선물을 미리 받은 우리의 마음과 같이 순결한 은빛으로 반짝이지 않을까요.

때가 있어요

돌아서면 무엇을 하려했는지 기억이 안 나는 일이 다반사인 요즈음입니다. 들어갔던 빌딩의 입구를 잠시 뒤에 찾지 못한 기억은 모든 것에서 자신감을 사라지게 만들었습니다. 언제나 울리는 오른쪽 귀의 바람소리, 파도소리 때로는 가을 풀벌레 소리는 차라리 친숙해져서 아마 안 들리게 된다면 허전해질 지도 모르겠습니다.

베토벤이 역작을 작곡한 것이 귀가 들리지 않게 된 후라고 남편은 위로하곤 하지만 장애는 장애인 것입니다. 이것으로 장애인 주차권이라도 받아볼까 하는 우스운 생각도 해본 적이 있습니다. 선천적인 이유가 아니라 가지가지의 사고로 장애를 입게 되는 경우가 더 많은 요즈음 장애인을 위한 배려는 더욱 절실하다는 생각이 듭니다.

"안녕하세요, 찾아주셔서 감사합니다." 월마트 입구에서 들어오는 사람, 나가는 사람에게 일일이 웃으며 인사하는 사람이 휠체어를 타고 있습니다. 고용해주는 회사 측도, 그런 모습으로 나와서 일하는 사람도 모두 위대한 정신의 소유자들입니다. 그런 상황에서 그렇게 환한 얼굴로 나설 수 있을까요.

가시나무에게 빨간 열매로 새를 모으는 방법을 주신 하나님은 누구에게나 위로와 힘을 주십니다. 아무 쓸모없어 보이는 사람도 하나님 손에 붙잡히면 좋은 재목으로 바뀝니다. 누구라서 하나님 앞에서 타고난 그 모습대로 쓰임 받을 수 있을까요.

인생의 황금기 가장 좋은 시절에 하나님의 사람으로 부름을 받아 목회자의 길을 순종으로 걸어온 남편, 한번도 '노우'라는 말을 아내에게 해본 적이 없는 남편의 귀빠진 날이 오늘이었습니다. 무심하게 다른 날처럼 전혀 모르고 있는데 어제 밤 굳 나잍 인사를 하고난 손자가 말을 하고 말았습니다.

'할아버지, 내일 생일 축하해요.' 그 말을 못 들었으면 그냥 지날 뻔 했습니다. '어머나. 깜빡했네요.' 깜빡이 아니라 전혀 감도 못 잡고 있었지요. '아니 뭐, 모르고 지나면 어때서, 피곤하게.' 한 번도 불평이라는 걸 한 적이 없는 착한 남편은 내 걱정만 할 뿐입니다. 미안했습니다. 이 나이에 이 정도 아내라는 것이...

'다행히 블랙 프라이데이 다음 날 남편 겨울 셔츠를 사둔 것으로 선물은 되고. 만두 속을 만들어 놓았으니 평양식 닭 온반에 만두를 넣고 제일 좋아하는 굴전을 준비하면 되겠지.'

머리를 팽팽 돌리며 생각을 정리하다 잠이 들었습니다.

'참 개봉 안한 펌킨 파이로 단 것을 싫어하는 남편을 위하여

케잌을 대신하고 며칠 익혀놓은 캔탈로프로 후식을 하고 등등...'

귀여운 손자는 카드를 복사종이로 만들어 예쁘게 칠한 박스에 담아 할아버지에게 드렸습니다. 깜짝 놀라시면 몸에 안 좋을까 봐 어제 밤에 운을 띄웠다는 것입니다. 할아버지가 놀라실까 봐 걱정을 하는 손자가 만든 카드에는

'할아버지는 저에게 중요한 분이에요. 그러니 행복한 생일을 맞이하세요, 예一 .'라고 쓰여 있습니다.

'언제 이렇게 컸을까.'

귀 하나 잘 안 들리면 어떠랴.
어지러워 누워야 한다면 좀 어떠랴.
잘 못 걸으면 까짓것 좀 어떠랴.
이상한 말이 날아오면 어떠랴.
컴퓨터가 제 마음대로 돌아가면 어떠랴.
글이 잘 안 써지는 날이 있다 해도 좀 어떠랴.

가시나무의 빨간 열매는 거의 다 사라져 갑니다. 새들이 죽어라 공격을 하니 당해내는 수가 없습니다. 무슨 맛인지 먹어보고 싶어집니다. 저 열매가 없어지면 다음은 크랩 애플의 열매, 착각으로 심은 나무가 앞마당을 장식해주고 있습니다. 기특해서 색색으로 금빛이 도는 큼지막한 방울을 주렁주렁 달아주었습니다.

내 집처럼 드나드는 새들이 파킹럿 눈 녹은 물에 함께 목욕을

합니다. 참새에게 밀려 카디널과 딱따구리는 점잖을 빼고 순서를 기다립니다. 무슨 때가 있다고, 이런 맑은 공기에 살면서 저렇게 씻어대는지, 그저 씻고씻고 또 씻고.... 가느다란 발로 땅에서 오른 먼지를 느끼는 그들의 감각이 부럽습니다. 오염된 땅에 살면서 오염된 언어와 오염된 장면을 순간순간 접해도 아무런 느낌도 없이 잘 살기만 하는데 말이죠.

몰래 먹는 떡

오늘 가정예배에서 읽은 성경 구절에서는 초대 교회 안의 신자 중 속이는 자에 대한 경계가 여러 번 나오는 것을 보았습니다. 허풍을 떨기도 하면서 믿음의 모양은 있으나 속이는 것은 달라지지 않는 사람들이 있었던 것으로 보입니다.

우리가 즐겁게 보는 프로그램이 여러 가지이지만 그 중에 마술을 빼놓을 수 없지요. 깜짝 놀라게 하면서 동시에 스릴감과 유모어 내지 민첩한 행동에 혀를 두를 수밖에 없는 묘기를 가지고 있는 사람들이 있습니다. 얼마나 오랫동안 연습을 했을까 생각하면 그 노고를 치하하지 않을 수 없습니다.

올랜도 프로리다에 살면서 크고 작은 추억을 만들었는데 그 중에 손꼽히는 것이 세계적으로 유명한 쇼단 '써끄 솔레이으'의 쇼를 월드 디즈니에 있는 극장에서 본 것이지요. 극장의 생김새도 남다르지만 그 쇼단의 쇼는 하나의 환상적인 연극을 본 느낌이 듭니다. 꼭 맞게 어우러진 음악이 큰 역할을 하는데 간담을 서늘하게 하는 묘기와 마술도 대단한 볼거리임에 틀림이 없습니다.

빠른 손놀림에서 시작하여 상상을 실제처럼 보이게 하는 마술의 착각, 착시 효과는 비행기가 사라지고 나타나게도 하여 오락의 경지를 넘어섰다고 해도 과언이 아닐 것입니다. 무대에서 입장료를 받고 하는 속임수는 사람의 경탄과 치하를 받기도 하는 것이 요즈음의 모습이지요.

미국에서는 경찰에게 거짓말을 하면 죄로 간주됩니다. 위증이 되는 것이기 때문입니다. 때로는 경찰도 증인이 필요하기도 합니다. 미국에 오던 다음해 인가, 경찰의 증인이 되어준 적이 있습니다. 대서양 해안의 한적한 길을 달리고 있을 때 앞에 가던 차가 갑자기 차선을 바꾸어 노란 선을 건너 좌회전 하려고 차를 돌렸습니다. 물론 깜박이 등을 켜지도 않은 채였지요. 나란히 달리던 우리는 속수무책으로 그 차를 살짝 부딪치며 세울 수밖에 없었습니다.

시원찮은 영어로 난감해 있을 때 건너 편 길을 달리던 차가 돌아와 차를 세웠습니다. 점잖은 백인은 우리가 잘못한 것이 없다고 상대편 차 잘못이라고 자기가 경찰에게 이야기해 주겠다고 같이 기다려주었습니다. 경찰이 늦어지자 메모지에 경위를 자세히 적고 자기 전화번호와 이름을 적어주고 경찰에게 제시하라고 하고 떠났지요. 나중에 온 경찰에게 그 종이를 보여주자 경찰은 그 사람에게 전화를 걸어 내용을 자세히 듣고 상대편 차에게 티켓을 주었습니다.

티켓을 받은 사람이 불복종하여 경찰을 상대로 고소를 하자 경찰은 우리에게 증인이 되어달라고 요청을 해왔습니다. 두 시간 길을 달려 미국의 법정에서 경찰을 위하여 증인이 되어준 것은 평생 잊을 수 없는 기억이 되었지요. 그 고마운 백인에게도 언제나 감사를 드리고 싶습니다.

우리는 이 속임수가 가득한 세상을 살아나가야만 합니다. 하지만 증인이 될 수도 없고 증인이 필요도 없는 암흑의 세계에서 오고 가는 많은 불법들은 우리를 때때로 당혹하게 하고 두렵게도 하지요. 보이지 않는다고 해서 없었던 것이 아닌 것을 뻔히 다 알면서 속아주고 속이고 넘어가는 것이 얼마나 흔한 세상인가요.

한국 속담에 '몰래 먹는 떡이 맛이 있다'는 말이 있습니다. 왜 몰래 먹는 떡이 맛이 있을까요. 몰래 먹는 떡이 맛이 있는 것은 떡의 주인이 따로 있는 것을 기억하지 못하기 때문입니다. 또한 떡을 만든 손길이 따로 있음을 모르기 때문이며, 그 떡을 먹게 하신 분이 계심을 모르고 있기 때문이다. 더구나 몰래한다고 해도 보시고 기억하시는 분이 계심을 안타깝게도 모르고 있기 때문입니다.

모든 시간은 흘러 가버리는 것이 아니라 흘러가는 과정 중에 있는 것입니다. 목표와 계획과 시간은 동시에 합작을 하면서 인간을 그 시각까지 실어가는 수레라고도 할 수 있지요. 어디를 향하여 가는 것인지 염려하지 않아도 계획을 하고 계시는 분은 확실하게 이끌어 가실 것입니다.

누구라서 둥그런 입체의 지구를 공중에 매달아 놓고 돌리시는 하나님 앞에서 숨을 수 있을까요. 조용히 귀를 기울이면 조근조근 말씀해주시기 원하시는 그분 앞에 머리를 조아리면 가물어 메마른 가슴이 젖어듭니다. 무엇으로도 바꿀 수 없는 평화가 강물처럼 몰려오는 것을 구하는 사람은 누구든지 경험할 수 있다고 성경은 말씀합니다.

어디에 지금 서있나요.
조용히 바라보시는 주님의 눈을 기억하시기 바랍니다.
사랑과 용서와 확신에 가득 찬 눈길을 말입니다.

소망의 성탄절 트리

망사 페티코트를 입은 한복 치마처럼 우아하게 펼쳐진 성탄절 트리를 한국에 두고 왔습니다. 친구 목사님 아시는 분이 개척하시는 교회에서 쓰시고 싶다고 해서 즐겁게 시집을 보냈지요. 몇 년 정이 들었지만 2미터가 넘는 키에 풍채도 좋아서 넓은 공간에 알맞을 것 같아 아쉬운 것을 떨쳐두었습니다.

아담하고 소박한 트리를 찾다가 작년 이맘 때 깜박이불을 설치한 트리를 데리고 왔습니다. 키는 크지만 잘 먹지 못해서 휘청해 보이는 나무, 홀쭉이 나무를 마련했지요. 조신하게 서있는 것이 여름내 거실 안에서 제 구실도 잘하더니 어느새 다시 겨울이 돌아왔습니다. 제철을 만난 성탄절 트리는 더욱 빛이 납니다. 노래도 한 곡조 뽑을 것만 같습니다.

날을 잡아서 고이 모셔두었던 트리 장식을 꺼내어 공을 들여 요기조기 달아 보았습니다. 그리고 요이 땅, 코드를 꼽으니 웬걸 트리의 머리 부분은 까만 채입니다. 정말 나무의 머리만한 위치에만 불이 들어오지 않습니다. 앞 정원에 장식한 깜박이 불 하나를 이 트리 위에다시 감아 볼까, 아니면 성탄절 트리를 하나

더 살까, 하지만 정이 들은 나무를 버릴 수가 없습니다. 여름에 얼마나 깔끔하고 시원한데, 그냥 두기로 했습니다.

"맞아, 이 세상 어디나 빛이 비치는 것은 아니야, 양지가 있듯이 응달이 있어. 성탄절이라 고해도 맘 슬픈 사람이 얼마나 많을 텐데..."

어두운 트리 머리 부분에는 맨 꼭대기에 등불을 켜든 천사가 있습니다. 그리고 은종이 울리고 있고 사탕으로 만든 목자가 쓰는 지팡이가 세 개, 금빛으로 반짝이는 종이 두 개, 아기 천사가 하나 불평도 안 하고 조용히 제 자리를 지키고 있습니다.

하나님의 뜻을 따라서 사람에게 여러 가지 모습으로 보이면서 도움을 주는 천사의 이야기를 듣고 읽기도 합니다. 어려운 현실 속에서 빛을 사모하며 기다리는 사람들은 좋은 소식을 전해주는 천사를 만나기도 합니다. 천사는 도움이 절실하게 필요한 이들에게 절실하게 필요한 때에 나타나는 것 아닐까요.

요즈음은 종소리를 거의 들을 수 없지만 교회마다 시간을 알려주는 종소리가 울리던 시절이 있었습니다. 시계가 귀하던 시절 교회의 종소리는 시계를 대신했지요. 종소리를 듣고 예배를 드리러 모이고, 기도를 드리던 시절, 우리의 생활을 이어주는 노래와 같던 종소리가 그리워집니다. 은빛으로 반짝이는 종이 한 해를 보내며 아쉽기도 한 어두운 그림자를 몰아내주는 것만 같습니다. 저를 깨우고 일으키고 세워주시는 종소리가 온 집안에 가득합니다.

무엇인가 의지할 곳이 필요한 분에게 지팡이와 막대기가 되셔서 가르치시고 지켜주시는 예수님을 찬송합니다. 아무리 의지하고 붙들고 졸라대도 결코 거절하지 않으시는 주님을 사랑합니다. 자신의 몸을 찢어 물과 피를 다 쏟으셔서 전제의 제물이 되어주신 주님, 그 겸손과 온유와 사랑을 어떻게 배울 수 있을까요. 그래도 주님은 내게 와서 내게 배우라고 하셨지요.

어두운 곳을 올려다봅니다. 어두운 하늘에서 천사는 나팔을 불었고, 어두운 곳에서 주님은 눈물의 간구를 들으시고 받으십니다. 어두운 곳에서 지금도 고통 중에 기도하는 이들을 생각합니다. 이 성탄절이 유난히 더 어둡고 춥지 않게 하옵소서. 눈물을 씻기시며 아픔을 감해 주시옵소서. 이 겨울이 유난히 길고 힘들지 않게 하옵소서. 깜박이 불이 다 들어오지 않아서 감사합니다.

어두운 곳을 언제나 기억하게 하옵소서.

어두운 곳에서 눈물로 드리던 간구와 소원을 잊지 않게 하옵소서.

어두운 곳에서 주님과 단둘이 맺은 약속을 기억하게 하옵소서.

어두운 곳에서 천사는 지금도 나팔을 불고 있음을 알게 하옵소서.

어두운 곳에서 지팡이가 필요한 이들을 기억하게 하옵소서.

어두운 곳으로 주님이 흘리신 물과 피가 흘러가게 하옵소서.

성탄절 트리는 꼬마 금방울을 새알인양 품고 있습니다. 메추리 알보다 조금 큰 방울에서는 금방이라도 아기 새가 깨어날 것만 같습니다. 작은 방울 하나하나 새로이 거듭날 생명을 위하여 누군가 기도하며 누군가 기다리고 있는 성탄절, 이 겨울이 너무나 소중해서 봄이 더디 온다고 해도 기뻐할 것입니다. 새삼스레 카나디안 파인트리가 청청하게 푸르고 고운 이유를 알았습니다. 가지마다 영혼을 위한 기도가 배어 있으니까요.

성탄을 기다리며

11월의 눈은 어디론가 가버리고 12월의 비는 마음을 무겁게 만들어줍니다. 가을과 겨울을 혼동하는 지구에는 무슨 일이 일어나고 있을까요. 다람쥐들은 따뜻한 겨울이 좋아서 낙엽에 파묻힌 호두를 나르느라 분주합니다. 짝을 지어 오가는 작은 텃새들은 눈 녹은 물에 목욕을 합니다. 만나지 못하던 새들이 자연목욕탕에서 만나 함께 즐기고 있는 것입니다.

20여 년 전 강남의 헬스클럽 사우나탕에서 드라마에서 자주 보는 이름난 탤런트를 본 적이 있습니다. 그분이 맡는 배역 때문에 저도 꽤 좋아했던 분이었지요. 십 여 명 들어가는 사우나 안에서 마주쳤을 때 반가운 느낌만은 아니었습니다. 주위의 여자 분들이 수군거리고 있었습니다. '화면에서와 많이 달라, 그렇지?' 아무리 조그만 목소리로 이야기해도 어쩔 수 없이 들리는 작은 공간이 더욱 민망했습니다.

우리를 감추어주는 것은 무엇일까요. 역할이라든가 직위라든가, 아니면 값비싼 옷이라든가 또는 오랫동안 갈고 닦은 무표정이나 웃음 같은 것 아닐까요. 우리는 자신이 가지고 싶은 모습이 되기 위하여 삶의 많은 부분을 할애하면서 지내고 있습니다. 40이 넘으면 자신의 얼굴에 책임을 지라는 말씀을 중학교 선생님께 들은 적이 있습니다.

어디를 가든 예약이 필요한 것이 이곳의 생활입니다. 그중에 미장원도 예외는 아니지요. 미리 약속을 해야 합니다. '겉 볼 안' 이란 말이 있는 것처럼 겉모습에 신경을 쓰며 살아야하는 것이 인간이지요. 놀라운 것은 미국의 일반적인 이력서에는 사진이 없다는 것입니다. 능력과 경력으로 사람을 평가하는 것이 제도화되어 있는 것입니다.

겉모습으로 사람을 저울질하는 나쁜 일을 저도 종종 저지르고 있습니다. 그러면 안 되는데 하면서 말이지요. 열 길 물속은 알아도 한 길 사람 속은 모른다는 말처럼 우리는 믿음을 잃어버린 시대에 살고 있습니다. 불신과 의심이 사람과 사람 사이를 이간질하고 있는 것입니다. 무엇으로 떨어진 믿음의 관계를 회복시킬 수 있을까요. 무엇으로 식어버린 신뢰를 다시 찾을 수 있을까요.

엿새 뒤로 다가온 성탄절은 관계 회복을 위하여 우리 주 예수님께서 이 광야 같은 세상에 찾아오신 날입니다. 하나님과 담을 쌓은 인간은 사람과 사람 사이에도 담을 쌓게 되었습니다. 더 나아가 미움과 증오로 서로 어떻게 하면 해를 끼칠까 궁리를 하게 되었습니다. 이것을 성경에서는 '악'이라고 말합니다. 행동으로 옮기면 그것을 '죄'라고 말하지요. 인간의 눈에는 죄만 보이지만 하나님께서는 마음에 품고 있는 '악'도 보고 계시지요.

커다랗고 빛나는 테이블에 아주 두꺼운 책이 펼쳐있는 것을 보았습니다. 하나님께서는 자세히 기록을 하고 계시는 것으로 보였습니다. 우리가 놓치고 지나가는 모든 것들을 하나님은 보시고 들으시고 적으시고 계산하고 계심을 아시나요?

나무들은 하필이면 겨울에 옷을 벗고 있습니다. 겨울이니까 입혀주어야 하는 것 아닌가 생각을 해봅니다. 잔가지마저 다 내어버리고 가벼워진 몸을 찬 북풍에 맡기는 나무들을 보면 언젠가 하나님 앞에서 맨 몸으로 서게 될 우리의 모습을 생각해봅니다. 지금은 은혜의 옷으로 못 본 체 감싸주시지만 우리 앞에 서 계실 예수님은 심판주로 오실 것입니다.

하나님께서는 아시아를 사랑한다고 말씀하셨습니다. 그리고 북한을 긍휼히 여기신다고 말씀하셨습니다. 그 땅에 배어있는 성도의 죽음과 눈물의 기도를 기억하실 것입니다. 보아도 깨닫지 못하고 들어도 깨닫지 못하는 인간들을 위하여 하나님은 계획을 가지고 계십니다. 그리고 눈이 가려져서 아직도 복음을 듣지 못한 이들을 위하여 또한 계획을 가지고 계실 것입니다.

흑암의 권세는 세상의 정사를 움직이면서 성도들을 단련하는 역할을 하고 있습니다. 사탄이 하는 일은 교회를 무너지게 하는 것과 가정을 깨트리는 것입니다. 새하얀 눈이 성탄절에 내리기를 기대합니다. 우리의 얼룩을 하얗게 지워주시는 하나님의 사랑을 다시 체험하고 싶습니다. 이 성탄절이 그 동안 기도해 오던 우리의 소중한 이들에게 새로운 만남의 시간이 되기를 간절히 기도합니다.

말해도 될까요?

한 시간 지나면 성탄 이브 날입니다.

이브를 더욱 중히 여기는 습관이 어떻게 생겼는지 모르지만 전날 저녁은 언제나 더욱 성대합니다. 기다리던 성탄절이 다가오면 나도 모르게 어린 시절 옛 생각에 잠기곤 하지요. 추운 성탄절, 그때는 왜 그렇게 더 추위를 느꼈는지 새벽 송을 도는 길은 맵고 추웠습니다.

깨어 기다리는 성도님들의 집 앞에서 찬송을 부르며 함께 예수님의 탄생을 전하고 느끼고 즐거워했지요. 얼어붙은 길, 평탄하지도 않은 골목길을 걸어가면 성도님의 집으로 인도해주시는 집사님들이 앞서 걸어가시곤 했지요.

이젠 뜨겁지도 차지도 않은 마음으로 편한 자동차만 타고 다니며 감사를 모르는 세대가 되었습니다. 라오디게아 교회에 대한 책망이 요한계시록에 나옵니다. 요즈음의 교회를 가리켜 말하는 라오디게아 교회는 뜨겁지도 차지도 않다고 성경에는 기록되어 있습니다.

식생활은 삶의 기본입니다.

매번 식사 준비를 하면서 고심하는 것은 어떻게 하면 맛있게 먹을 수 있을까 하는 것입니다. 같은 음식이라도 더욱 맛있게 하는 온도가 있기 때문입니다. 차가운 것은 차갑게 더운 음식은 더웁게 먹을 수 있도록 방법을 생각해봅니다. 더운 음식이 덥지 않고 차가워야할 음식이 차갑지 않으면 맛이 뚝 떨어지게 되지요.

예수님은 제자들을 향하여 너희는 세상의 소금이며 빛이라고 말씀하셨습니다.

소금이 그 맛을 잃으면 무엇으로 짜게 할 수 있느냐고 하셨지요. 모든 음식을 맛있게 하는 것도 소금입니다. 성도의 역할은 무미건조한 이 세상을 살아가는 사람들에게 기쁨이 무엇인지 참 행복이 무엇인지 보여주는 사람이 아닌가 싶습니다.

성도의 가는 길은 좁은 길입니다.

가는 사람이 적어 외롭고 쓸쓸하며 때때로 마귀가 삼키려고 틈을 엿보며 기다리는 험난한 길입니다. 하지만 우리 앞서가신 대장되시는 주님이 계시기에 우리도 찬송을 부르면서 승리의 길을 갈 것입니다. 주님은 죽기까지 복종하심으로서 사망 권세를 이겨내셨습니다. 우리도 따라서 이길 것입니다.

앞서 간 구름 같은 허다한 증인들이 그 길을 가면서 핍박을 받았습니다. 죽음을 무릎 쓰고 앞으로 나아갔기에 우리도 복음의 소식을 전해들을 수 있었던 것입니다. 인간으로 하여금 죽음에 이르게 하는 것은 절망입니다. 시간을 정복할 수 없는 인간에게는 언제나 죽음의 그림자가 따라다닐 수밖에 없습니다.

영원한 생명에 대한 소망과 확신을 주신 주님의 부활 사건을 믿음으로 받는 사람은 누구나 궁극적인 불안과 절망에서 자유로울 수 있습니다. 그것은 자신의 선택에 달려 있는 것입니다. 아무도 핑계하지 못할 것입니다. 복음의 소식을 듣고도 부인하는 사람은 구리 뱀을 바라보면 살게 된다고 아무리 외쳐도 믿지 않고 바라보지 않은 이스라엘 사람들과 같습니다.

구원의 기쁜 소식을 공평하신 하나님은 누구에게나 값없이 주시지만 은혜를 베풀어보지 못하고 받아보지 못한 인간은 그것을 받을만한 그릇이 없는 것입니다. 주님은 하나님의 본체이시면서 나약한 인간의 모습으로 마굿간에 태어나셨습니다. 수백 년 식민지 생활로 병든 작은 나라, 아무 힘도 없는 목수의 가정에서 태어나신 예수님은 우리 인간의 모든 어려움을 그 몸으로 친히 감당하셨습니다.

이제는 우리의 짐을 내려놓을 때입니다.

주님께 다시 고백할 때입니다. 이른 번 씩 일곱 번이라도 용서하라고 말씀하신 주님께 얼마나 여러 번 고백해 보셨나요? 매일 발을 씻어야 한다고 베드로에게 말씀하신 예수님은 매일 우리의 죄의 짐을 맡아주실 것입니다. 기도할 때 때로는 주님께서 가까이 계심을 느낄 수 있습니다. 연약해서 자꾸만 넘어지는 저를 주님은 안아주십니다. 그리고 눈물을 씻겨주십니다.

너무 민망한 거야, 너무 뻔뻔한 거야, 죄송해서 안 될 거야, 마귀는 우리의 고백하려는 마음을 꺾어 놓습니다. 그 소리에 넘어가지 마세요. 마을 어귀를 바라보며 집 나간 자식을 어제도 오늘도 내일도 기다리시는 아버지는 바로 우리 주님이십니다. 그 넓은 품에 안기세요. 몸과 마음과 영혼을 맡기십시오.

3,4층 높이의 나무에까지 반짝이 불로 장식한 옆집 덕분에 우리 집의 성탄절은 잔치 마당입니다. 오늘 오후에는 덴마크 태생인 안주인이 준비한 덴마크 피칸 케잌을 가지고 건너오셨습니다. 마음도 눈도 즐겁게 해주시더니 입에도 넣어주시는 이웃사촌입니다. 예수님 덕분에 말이 잘 안통해도 함께 성탄절을 기다리는 언제나 든든한 이웃입니다.

예수님 때문에 아파도 기뻐합니다
예수님 때문에 괴로워도 사랑합니다
예수님 때문에 힘들어도 감사합니다
예수님 때문에 영원한 소망이 있습니다...

말 한 마디

뉴스에는 소름 돋는 기사가 나옵니다.

지난번에는 파리에서 어려움이 있더니 다른 유롭의 도시에도 위협이 있다는 이야기입니다. 거리를 지키는 군인들의 모습이 보입니다. 말 한 마디에 수많은 사람들이 놀라고 두려워하는 일이 생긴 것입니다. 말이란 얼마나 무서운 것인지 멀리서 듣기만 해도 배추에 소금물 뿌린 것처럼 축 기분이 다운됩니다.

사람에게만 선물로 주신 말이 이렇게 사람을 괴롭히는데 무차별하게 사용되고 있는 것입니다. 옷을 벗은 숲길로 달려드는 햇빛으로 가지를 오르내리며 서로 사귐을 가지는 새들의 모습이 정겹기만 합니다. 몇 가지 안 되는 말로 주고받으며 싸늘한 날씨에도 움츠리지 않고 서로를 격려하는 새들은 얼마나 마음이 너그러울까요.

겨울비가 고인 파킹랏의 귀퉁이에서 쉴 새 없이 조잘대는 그들의 언어는 차라리 겨울 숲을 채우는 음악입니다. 말이 없어도 만나고 사귀고 새끼 낳고 키우고 먹이고 가르치는데 왜 유독 사람에게만 말을 주셔서 이렇게 서로를 물고 뜯는 일을 반복하게 하실까, 생각하면 안 되겠지요.

강한 동물이 더 많이 살아남을 것 같지만 지구상에는 약하디 약한 것들이 더욱 숫자가 늘고 번성하는 것을 종종 볼 수 있습니다. 호랑이보다는 고양이가, 고양이보다는 쥐가 많은 것이 현실이니까요. 약해 보여도 그 숫자로 위세를 떨치는 것에 개미라든가 모기라든가 작은 곤충도 볼 수 있지요.

조금 숫자만 우세하여도 위세를 떨치고 싶어 하는 것이 사람의 본성입니다. 바벨이라는 곳에서 숫자가 늘어난 인간이 생각해낸 것은 하늘에 닿을 높은 대를 쌓아 하나님의 권세에 대항하려는 것이었지요. 얼마큼 쌓는 것을 보시던 하나님께서는 그들의 언어를 다르게 하셔서 그 일이 성취되지 못하게 하셨습니다.

지금도 인간은 숫자에 약해서 숫자가 많은 곳이라면 끼고 싶어 하는 본성이 있습니다. 인류 역사에 남아있는 대국들은 인구도 많았고 그 힘으로 다른 나라들을 언제나 괴롭힌 것을 기억합니다. 자기가 속해 있는 조직이 커지기를 바라는 것이 나쁜 것은 아니겠지만 그것으로 다른 작은 모임을 억압한다거나 괴롭힌다면 그것은 바른 태도가 아닌 것 아닐까요.

환갑 기념으로 다녀온 유롭 여행, 리무진 안에서 졸면서 달린 거리가 얼마나 되는지 상상할 수도 없습니다. 영국 런던에서 이탈리아의 나폴리, 폼페이까지 다녀 본 도시들은 모두 거대한 박물관이었습니다. 이런 저런 면으로 배워야 할 것으로 꽉 찬 곳이 바로 유럽의 도시 아닌지요. 인류의 성공과 실패와 실수와 장점과 단점을 고스란히 보여주는 곳입니다.

이런 문명의 시대가 오기까지 얼마나 많은 수고와 땀이 흘렀을 지요. 우리는 조상들의 지혜와 끈기로 먹고 사는 후손일 뿐입니다. 자갈을 반으로 갈라서 가른 면이 지표가 되도록 만들은 길을 걸으며 침을 삼키는 것조차 죄송하다는 생각이 들었습니다. 평화를 사랑하는 사람들이 만든 성곽, 후손을 위하여 닳아 없어지지 않을 길을 만든 그들의 핏줄이 사무치도록 그리웠습니다.

핏줄 의식도 가족 개념도 사라진 지 이미 오래입니다.

혼자 있는 것이 편하고 혼자 사는 것이 쉽고 혼자 있어도 아무렇지 않은 이상한 세월이 되었습니다. 인간의 손으로 만든 문명 이기들이 사람과 사람을 갈라놓고 있는 것입니다.

그러나 문명이 다르고 시대가 다르고 생각이 달라도 변하지 않는 것이 있습니다. 일찍이 보리수 나무 아래에서 붇다가 깨달은 대로 인간은 결국 잘 났든지 못 났든지 '생노병사'한다는 것입니다. 거기에 머물지 않을 사람은 한 사람도 없습니다. 우리는 지금 어디에 머물고 있을까요. 생각하는 것은 자신의 몫입니다.

나무도 옷을 벗고 생각하고 있는 것 같습니다.

'나는 어디쯤 걸어가고 있을까'. 번개에 맞아 넘어진 자리에서 새 가지가 나옵니다. 어쩌면 인간보다 훨씬 자생력이 강한 것이 나무 아닐까요. 썩은 나뭇잎 틈새로 비집고 나오는 나무의 앙증맞은 새끼를 봄엔 또 보겠지요. 아무도 모르게 숨겨둔 저들의 후손을 말입니다...

제 4 부

새해 첫날에

너와 나의 둥지

날아갑니다

'I will be there'

파란 소금

조물주 하나님

우리 해피 만세!

왜 길조인가

감추지 않아도 돼

사랑이라는 말로는 부족합니다

다시 일어선 나무

거품

새해 첫날에

새해 첫날마다 열리는 행사 중에 꽃차 퍼레이드가 있습니다.

그중에도 유명한 것은 로스엔젤러스 파사데나 지역에서 열리는 장미꽃 퍼레이드입니다. 오늘도 오전에 텔레비전에서는 대대적인 행사를 생중계하고 있는 것이 보입니다.

가지가지 눈에 띄는 형상으로 만든 트레일러만큼 큰 차에는 온통 가지가지 색깔의 꽃이 덮여 있습니다. 이 날을 위하여 잘린 꽃이 얼마나 될까. 얼마나 기하학적으로 많은 숫자의 꽃이 동원되었을까 생각해봅니다. 이렇게 많은 아름다운 장미가 사용될 만큼 해가 바뀐 것이 의미가 있는 것일까요.

어제의 태양이 오늘도 그대로 그 자리에 뜨고 별도 그 자리 바라보는 나도 달라진 것이 없는데. 며칠 전에 부지런히 만든 만두로 떡국을, 아침 일찍 서둘러 만든 잡채며 전을 먹으며, 세배도 받으며 입도 즐겁고 마음도 즐거웠지만 과연 달라진 것이 있는지 의문스러웠습니다.

그제 저녁 뉴스에는 듀바이 일급 호텔에서 건물 전체로 번지는 불길을 보았습니다. 저런 불길이 누구의 마음에 타오르고 있는지 우리는 모르고 있습니다. 근처의 사람들은 얼마나 불안하고 두려웠을까요. 나이만큼의 속도로 달려가는 세월을 지나칠 수도 피할 수도 없는 것이 인간입니다. 봄이 오기 전에 불어난 강물을 보며 인간이 저지른 과오의 대가로 돌아오게 될 자연의 분노를 생각해 봅니다.

한 송이만으로 마음을 전할 수 있는 장미가 무참하게 스러진 퍼레이드입니다. 많이 소유하고 있기 때문에 많이 사용할 수 있는 권리가 우리에게 주어진 최선의 것인지 의문스럽습니다. 있는 자는 없는 자처럼, 쓰는 자는 다 쓰지 못하는 자처럼 하라고 성경은 우리에게 조언의 말씀을 들려주고 있습니다.

전해들은 이야기에 의하면 우리나라 최고의 국문학자이며 영문학자인 그분은 생활이 넉넉하게 된 이후에 부부 사이에 다투는 일이 생기면 누구든지 먼저 '흙벽돌'하고 외치면 화해를 했다고 합니다. 아직도 흙먼지 바닥에서 생활하는 이들을 생각하면 우리의 풍요로움이 얼마나 칭찬을 받을 수 있을까요. 어떤 사람들은 흙빛 강물에서 목욕을 하며 욕심을 버리는데 반짝거리는 타일과 도금한 문고리를 부착한 집에 사는 사람들은 더욱 큰 욕심에 사로잡혀 있는 것을 봅니다.

새해 첫날이라는 것이 무슨 의미가 있을까 생각해 봅니다. 다시 계획을 세울 수 있다는 점, 또는 새로운 도전이나 실천 사항을 만들 수 있는 계기가 된다는 점, 아니면 그저 불꽃놀이를 볼 수 있고 하루 즐길 수 있다는 점이겠지요.

성경 말씀은 하나님 사랑과 이웃 사랑을 이야기해 줍니다. 이웃에게 더욱 가까이 다가가서 마음과 영혼을 위로하고 어루만질 수 있으면 얼마나 좋을까. 혼자 계시는 이웃들이 떠오릅니다. 그동안 나누지 못하고 바라만 보던 이웃과 사귐을 가지고 돌아보고 싶습니다. 비록 말이 잘 통하지 않더라도, 따뜻한 마음은 누구에게나 전달되지 않을까 생각하는 마음이 먼저 따뜻해집니다.

손이 닿지 않는 이웃을 위하여 기도해야겠지요.

그들의 외로움과 상처와 슬픔이 다른 마음을 가지고 있는 사람에게 이용되지 않도록 기도해야할 것입니다. 차가운 일기 속에 선한 사마리아인이 그리스도의 향기도 전하고 나누어줄 수 있기를 기대해 봅니다. 미디어를 통하여절실한 마음으로 정성을 모으던 분들이 외진 곳까지 손을 펴서 작은 정성들을 모아 전달해 주기를요.

꽃차들은 굽이굽이 돌아 사라지고 있습니다.

흩어져 새해를 맞는 사람들을 위하여 휴일에도 봉사를 하는 마칭 밴드 학생들의 웃음도 흩어지고 있습니다. 이제 우리들과 새로운 시간이 남아있을 뿐입니다. 우리의 얼굴을 누구를 향하여 돌릴까요. 누가 우리의 눈길을 기다리고 있을까요.

너와 나의 둥지

모처럼 눈 구경을 시켜주시더니 캐나다와 북극의 바람이 삭풍을 몰고 위세를 더해주었습니다. 진눈개비가 얼음으로 마술처럼 녹아 붙었지요. 따뜻하다고 우습게보았더니 겨울은 겨울입니다. 2년 전 눈구덩이 사이로 달려 집으로 돌아오던 기억이 새롭습니다. 예정보다 일찍 서둘러 기다리는 빈집으로 돌아왔지요.

유난히 많이 오는 눈에 발이 묶여 시카고 공항에서 몇 시간을 보내다가 두 시간 떨어진 북쪽의 작은 공항으로 돌아오게 되었습니다. 한 달을 비워도 자리가 나는 집을 남의 손에 맡겨두고 해가 바뀐 후에 돌아오니 눈 속에 파묻힌 길조차 가늠할 수 없었습니다. 한참 기다려 렌트한 자동차는 손에 익지 않아서 네비게이션도 없이 오던 길이 얼마나 낯설었는지 모릅니다.

가물거리는 기억으로 찾아간 음식점에서 요기를 하고 컴컴해진 후에야 돌아온 집에서 우리는 강아지 해피와 함께 한숨을 쉬었습니다. 그렇습니다. 둥지라는 것이 얼마나 사람으로 하여금 숨 돌리게 하는 것인지 오랜 객지 생활에서 뼈저리게 깨달았지요.

봄가을로 대이동을 하는 철새들은 어떤 기억력으로 대륙과 바다를 건너오고 가고 할까요. 경험으로 무리를 독려하며 함께 행군하는 그들이야말로 인간의 스승이 아닐까 생각해봅니다. 철새들이 벌이는 군무와 주고받는 그들의 암호는 요즈음 발달 되어있는 촬영 기술로 알려졌고 감탄할 수밖에 없는 크고 작은 동물들의 생활을 엿볼 수 있게 되었습니다.

골짜기가 훤히 들여다보이는 겨울은 앙증맞고 귀여운 동물을 관찰할 수 있는 좋은 기회입니다. 자주 볼 수 없는 파랑새와 붉은 머리가 귀여운 새, 딱따구리 종류들, 기온이 영상으로 올라가는 날 눈 녹은 물에서 목욕을 하는 깔끔한 새들의 습관을 자세히 바라봅니다. 신사적으로 기다리는 새, 밀고 들어가는 새, 짝이 와야 같이 목욕을 하는 새 등 성품도 가지가지입니다.

호두를 잔뜩 먹고 몸에 지방을 채운 다람쥐는 멀리서도 잘 보일만큼 살이 올랐습니다. 꼬리의 털도 더 폭신해 보입니다. 작은 동물을 보면 작은 미소가 번져납니다. 만지고 싶고 주머니에 넣고 싶은 생각이 납니다. 요즘은 사슴 가족이 매일 나들이를 옵니다. 옆집과 우리 정원 근처에 먹을거리가 있는지 즐겨 다니는 코스입니다.

요란한 강아지 소리에도 아랑곳하지 않고 계단을 올라오는 그들은 이젠 식구가 다 된 것 같습니다. 가시나무의 열매를 먹고 무슨 유감이 있는지 핑크빛 꽃나무 기둥과 몸부림을 해서 나무 기둥은 껍질을 다 벗었습니다. 어수선한 발자국들이 마당을 가득 채

웁니다. '도대체 몇이나 왔던 걸까', 현관문을 여니 통 유리창으로 거실 안을 들여다봅니다. 손에 잡힐 듯 가까이에서 진한 갈색 동그랗고 반짝거리는 유순한 눈이 빤히 바라봅니다.

마주보는 눈길에 당황한 것은 바로 나입니다. '이럴 땐 어떻게 하지?' 오른 손을 흔들어 반갑다는 시늉을 해주었습니다. 그걸 알아들었을까요, 그녀는 고개를 숙이더니 한발작도 안 움직이고 크랩애플 트리 열매를 오물오물 먹고 있습니다. 분명히 만나서 반갑다고 하는 마음을 이해한 것이 분명합니다. 한참 동안 열매를 먹으며 모델 노릇을 해주더니 우아하고 섬세한 몸놀림으로 언덕을 내려갔습니다.

사슴과 수화를 한 것은 처음입니다.

사진을 찍으라고 포즈도 잡아준 것이 고마워서 무슨 선물을 줄까 하다가 겨울에 과일을 골짜기에 던지던 옆집 여주인 생각이 나서 오렌지를 잘라서 던져 주었습니다. 가까이 다가가도 쳐다보기만 할뿐인 사슴보다 두근거리는 마음이 부끄러웠지요. 손을 내밀면 마주 손을 내밀 것만 같은 얼굴과 눈이었습니다. 갓난 아기와 같은 그들의 눈이 준 즐거움이 몇 달은 족히 갈 것 같습니다.

'매일 와서 놀아라, 그리고 많이 찾아 먹고, 사철나무 가지쯤 뜯어먹어도 괜찮아, 이젠 뒷소리하지 않으마.'

이렇게 순하고 착한 동물과 사귀며 살 수 있는 것이 감사하기만 합니다. 하얀 눈 위로 달려가던 토실토실한 토끼 엉덩이. 어디서든 눈보라 잘 피하고 겨울을 넘기렴, 핏줄 때문인지 자라면 하얀 꽃무늬가 없어지는 꽃사슴은 더욱 귀여운 아기들입니다.

따뜻해진 겨울로 저들의 겨울나기가 조금 헐해지면 좋겠습니다.

이 골짜기는 그들의 집이니까요. 매일 찾아오는 손님이 반가울 뿐입니다. 요리도 청소도 할 필요가 없는 손님이라 더욱 귀한 손님이거든요.

날아갑니다

해가 바뀌고 벌써 닷새가 지나갑니다.

밥 조금 먹고, 운동 조금, 찬송 조금, 텔레비전 조금, 글 조금 쓴 것뿐인데 하루하루가 날아갑니다. 수북한 갈대처럼 일렁거리던 여러 가지 생각도 조금씩 정리가 되어갑니다. 일 년 이상을 끌며 신경을 자극하던 이상한 사건도 이해되어지기 시작합니다.

누구도 누구의 상황을 짐작할 수 없기에 인간은 더욱 한정적일 수밖에 없는 것이겠지요. 그래서 염려와 근심과 두려움이 우리를 지배할 수 있는 자양분을 제공하는 기회가 되는 것입니다. 아무도 자신의 장래를 모르기 때문입니다. 나도 모르는 데 어떻게 남의 장래를 알 수 있을까요,

거기에서 의심이 생기고 마귀는 이간질을 할 기회를 다시 얻는 것입니다. 하나님과 사람 사이를 이간질하던 사탄은 사람과 사람을 이간질 하여 인간으로 하여금 빠져나올 수 없는 심연으로 더욱 깊이 이끌어가려는 것이니까요. 그러므로 하나님께서는 내일 일을 염려하지 말라고 말씀해주시는 것입니다. 해 보았자 거기에서 거기인 것이 인간의 모습인 것을 잘 아시기 때문입니다.

'도토리 키 재기'라는 말이 있습니다.

커 보았자 도토리이고 작아 보았자 도토리이건만 쓸 데 없이 서로 키가 크다고 끝없는 논쟁을 벌이는 것이 바로 인간의 모습입니다. 한국 채널을 도통 보지 않다가 우연히 미국에서 보내는 한국 드라마 채널을 발견하고 몇 가지 사극을 보고 있습니다. 바다 건너에서 오래 살아서 그런지 현대물 드라마는 이해가 쉽지 않지만 역사를 다룬 사극은 그런대로 볼거리가 많이 있습니다.

그런 와중에서도 눈에 띄는 장면은 둘러 앉아 말씨름을 하는 소위 집권자들입니다. 서로의 이익을 따라서 같은 일도 이렇게 저렇게 평가하는 그들을 보면서 조상이 그런데 어쩔 수 없다는 생각이 들곤 합니다. 작은 나라에서 실속 없이 입으로만 벌이던 논쟁을 하던 사람들은 대부분 문관들이었지요.

하나님께서 보시는 가치의 기준은 무엇을 위하여 했는가라는 것입니다.

'하나님의 영광을 위하여 인가, 나의 영광을 위해서 인가'가 결국 진위를 가리는 잣대가 되는 것입니다. 아무리 올바른 목적 같아도 나의 영광을 위하여 했다면 자신에게 장래에 아무 유익이 없는 것입니다.

하나님의 영광을 위하여 할 수 있는 가장 귀한 일은 영혼을 구원하는 일입니다. 왜냐하면 인류의 시초부터 하나님께서 계획하시고 끝내 이루신 일도 바로 영혼을 구원하는 일이셨기 때문입니다. 하나님의 형상을 닮도록 만들어진 인간은 그 귀한 지혜와 능력을 하나님께 도전하는데 사용하려 했으며 자신의 이웃을 죽이는 잔인함으로 발전하게 된 것입니다.

지금도 인류는 서로를 파멸하려는 것에 혈안이 되어 있습니다. 나의 이익을 위하여, 공동체의 이익을 위하여 한다는 명목으로 자신과 다른 편과 다른 편의 사람을 파멸하려는데 모든 힘을 사용하고 있는 것입니다. 나라가 나라를, 민족이 민족을, 기업이 기업을, 사람이 사람을 멸하려고 엿보고 계획을 세우며, 가공할 무기를 대량으로 생산하는 것에 확실한 이유를 제공하고 있습니다.

야채와 과일을 먹던 시절에서 피를 흘리며 생명을 끊어 죽인 것을 식량으로 삼으면서 인간은 더욱 잔혹하고 미움에 가득 찬 동물이 되어가고 있는 것입니다. 일말의 양심도 없이, 혹은 양심의 소리에 귀를 막고 자기편만이 살기 위하여 몸부림치는 그들이 보이시나요.

주변에 살고 있는 사슴과 토끼와 다람쥐를 봅니다. 이런 귀엽고 순한 성품을 가진 사람들이 모여 산다면 이 땅은 얼마나 살만한 곳이 되어갈 까요. 무서운 화면이 싫어서 손가락 틈새로 화면을 보거나 아예 꺼버리는 우리 정도의 심약한 사람들은 전쟁의 소리만 들려도 잠이 들기 어려울 정도입니다. 인간의 무죄한 피로 물든 땅에서 자란 식물은 얼마나 독을 품고 있을까요.

요즈음 새로이 발견되는 이상한 징후의 질병들은 어쩌면 병들어 죽어가는 땅에서 사는 우리에게 당연한 결과일 것입니다. 이 모든 것을 이미 아시고 내다보시고 준비하시는 아바 아버지 하나님께서 그의 자녀들을 위하여 피할 길을 예비하고 계실 것입니다. 주님이 이 병든 땅에 오신 것도 영혼을 구원하기 위해서입니다. 아무리 강건해도 그 수는 한정이 있음을 깨닫는 사람이야말로 영원을 사모하는 사람인 것입니다.

이 세상의 삶이 전부라고 한다면 인생은 얼마나 가치가 없고 한심한 존재일까요. 돼지나 소와 다를 바 없으며, 거북이나 학보다 못한 동물일 것입니다. 이 세상의 삶은 하나의 점과 같은 것입니다. 그 후에는 끝이 없는 직선과 같은 영원한 삶이 있습니다. 그 영원한 삶을 꺼지지 않는 고통을 당할 것인지, 안식과 평안이 가득한 삶을 살 것인지는 우리가 선택해야 하는 것입니다.

이 땅에서 수고로운 삶을 살았다면 더욱 천국을 소망해야할 것입니다. 편히 살았다면 고통의 삶은 꼭 피해야 할 것입니다. 이제 당신은 어떤 길을 갈 것입니까. 아무 대가 없이 주시는 은혜의 선물을 믿음으로 받을 것입니까. 이 시간 이곳까지 인도하신 아버지 하나님께서 다시 한 번 기회를 주시고 계십니다. 오늘 이 시간 하나님의 자녀가 되어 생각에 지나는 놀라운 사랑을 경험하시기를 바랍니다.

'I will be there'

오늘을 좋은 날이라고 하기엔 뭔가 부족합니다.

특별한 선물을 받은 날입니다. 위로해주시려는 건지 힘을 내라고 하시는 건지, 잘하고 있는 거라고 내 맘에 꼭 든다고 하시는 건지 모르지만 칭찬임에는 틀림이 없는 것처럼 보입니다. 이 땅으로 건너 온지 25년 이젠 잘 알아듣지 못하기는 해도 몸과 마음이 조금은 편하다고 해도 되겠지요.

겨울에 하늘 길을 내주는 숲은 몸과 마음을 늘 아늑하게 품어주어서 이곳을 떠나기는 어려울 것 같습니다. 높은 나무 가지를 뛰어서 건너는 다람쥐는 얼마나 담력이 클까요. 모이를 변변히 못 먹었는지 카디널 빛나는 수컷은 몸이 줄었습니다. 겨울에도 저들에게 먹을 것을 일용하게 주시기를요.

크랩애플과 가시나무 열매 때문에 숲의 동물이 다 모여드는 우리 집 앞 정원에는 10여 년 전 심어놓은 카나디안 파인트리가 두 그루 있습니다. 하나는 성탄절 트리 모양의 나무이고 다른 하나는 1미터 높이에서 옆으로만 퍼지는 앉은뱅이 파인 트리입니다. 초록이다 못해 푸른 안개 빛이 도는 이파리는 봄마다 하나의 가지에서 여러 개의 가지를 내어서 해가 지날수록 탐스러워 지나는 사람들이 쳐다보곤 하지요.

앉은뱅이 파인트리 앞에는 앉은뱅이 소나무와 가시나무가 솥발 모양으로 계단이 있는 언덕장식하고 있습니다. 파인트리와 초록빛 소나무, 봄마다 형광색의 연두 잎을 내는 가시나무는 의젓하게 기품이 넘치는 삼형제 나무지요. 전기 밥솥만한 크기에서 십여 년 만에 이렇게 자란 나무 그늘에서 지난여름에는 어른 토끼 한 마리가 찾아와 네 다리 쭉 뻗고 낮잠을 자고 더위를 식히며 쉬다가곤 했습니다.

'빨리 와서 좀 봐요.' 살금살금 가보니 앉은뱅이 파인트리 밑에 사슴 한 마리가 쉬고 있습니다. 언제 와 보았는지 천연스럽게 눈이 마주쳐도 고개를 돌리고 앉아있습니다. 오래 살았지만 낮 시간에 사슴이 찾아와 앉아서 쉬고 있는 것을 보기는 처음입니다. '어머나 어쩌지?' 한 사람이 옆집 사이 숲길에서 걸어 나옵니다. 천연스러운 사슴은 그 사람이 앞으로 지나가도 꿈쩍도 하지 않고 앉아 있었습니다.

무엇이 그녀를 불러왔을까, 꼼지락거리는 거라면 무어든지 좋아하는 걸 알아챘을까? 가족으로 다니는 것이 사슴인데 혼자 나온 걸 보면 어디가 아픈 걸까. 아니면 새끼라도 가졌을까. 등등 의논이 분분한 가운데 우리는 어쩌면 임신한 그녀가 입덧이 나서 나왔다가 쉬러 온 것이라고 결론을 내었습니다. 신경이 곤두서있을 그녀에게 아마 앞 정원의 나무 밑이 아늑한 장소였나 봅니다.

느낌으로 무언가 전해지는 게 있었다고 생각만 해도 얼마나 포근한지요. 힘이 되어줄 누군가가 필요한 사람이 지금 이 시간도 이 세상에 얼마나 많이 있을까요. 누군가에게 의지할 언덕이 되어줄 수 있다면 얼마나 행복한 일일까요. 미국에 오던 해에 어느 백인 노인과의 대화에서 다음 만날 약속을 이야기하면서 잘 모르고 'I will be there...' 라고 말을 한 적이 있습니다. 그 말을 들으신 그분이 눈을 조금 크게 뜨셨던 기억이 납니다.

'I will be there.'라는 말은 보통의 말이 아닌 것을 몰랐습니다.
필요하면 언제나 당신의 편이 되어서 도움이 되어주겠다는 뜻의 말인 것을 몰랐던 것입니다. 우리는 도움이 필요한 것을 숨긴 채 헛기침을 하면서 살뿐 아니라, 도움의 요청도 못 들은 체 지나치는 일이 허다하지 않은 가요.

높은 마음의 벽 뒤에서 외로움을 컴퓨터로 해결하며 살아가는 사람들이 늘어나고 있는 이 순간에도 마음의 문을 두드리는 분이 계십니다. 그 문고리는 안에만 있어서 밖에서는 열 수 없는 문입니다. 마음의 문 밖에서 기다리시는 그분의 음성이 들리지 않나요. 네가 문을 열면 내가 너에게로 들어가 내가 언제나 너와 함께하며 너는 나로 더불어 먹고 나는 너로 더불어 먹으리라고 말씀하셨습니다.

하나님이 지으신 모든 것이 너무나도 귀하고 아름다워서 구부러진 가지조차 자르지도 못하는 사람들이 있습니다. 그 모습 그대로 아름다워서 떨어진 과일도 그대로 놓아두는 이들의 마음이 이곳의 동물에게도 전달이 되나봅니다. 혼자 쉬러 나온 사슴이 떠오릅니다. 우리 모두 도움이 필요한 이웃인 거야. 필요하면 우리에게 기대어도 괜찮아. 울타리도 없으니까. 혼자 중얼거려봅니다. 마음이 흡족한 겨울 하늘이 해맑게 웃어주고 있었습니다.

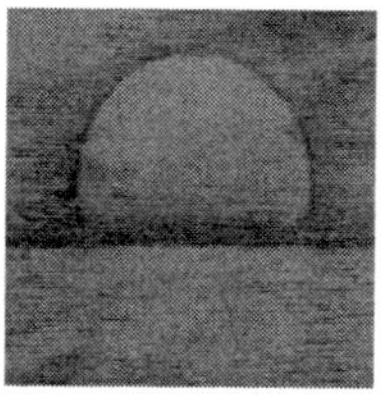

파란 소금

얼어붙은 눈을 그냥 두면 계단이 싫어할까봐 파란 소금을 뿌렸습니다.

1년 동안 밖에서 외톨이로 지낸 소금은 혼자 파란 하늘을 삼킨 채 숨죽이고 콘크리트 한 귀퉁이에서 겨울을 기다리고 있었습니다. 소금을 먹은 눈은 주눅이 들어 소금 흉내를 내다가 지쳐버리자 눈물을 흘리기 시작했습니다.

음식에 넣는 소금을 길에 뿌리려니 얼마나 죄송하던지요. 소금이 귀한 산간 지방이나 내륙 지방에서는 소금을 사러 며칠 길을 걸어가 소금을 사가지고 오는 내용을 넷지오 채널에서 본 후로는 티 스푼만한 봉지에 들은 소금도 남겨두었다가 쓰기도 합니다. 몇 개의 계단으로 된 현관을 오르내리는 우체부 아저씨를 생각해서 눈이 온다고 하면 미리 소금을 뿌려두기도 하지요.

새 동네에는 우체부 차가 지나는 길가에 우체통이 있는데 이 작은 도시에서 제일 오래된 이 동네는 집집마다 우체통이 현관 옆 벽에 붙어있어 여간 미안한 것이 아닙니다. 열 개가 넘는 계단을 올라와서 다시 마당을 질러 또 계단을 오르는 우체부 아저씨는 참으로 가까운 이웃입니다. 유리문 안에서 반갑다고 소리를 지르는 강아지를 그리도 이뻐해 주시더니 오늘은 자신이 키우는 꽤 큰 개를 데리고 배달을 나오셨습니다.

지난 성탄절에 몇 가지 작은 선물을 넣은 종이 가방을 건넸더니 다음 날 감사하다고 땡큐 카드를 우체통에 넣어두셨습니다. 웬일인지 아직도 손에서 손으로 건네는 식이 마음에 듭니다. 오후에 그로서리 가는 길에 하이웨이로 들어서는데 무언가 느낌이 달랐습니다. 나의 둔한 한 쪽 귀에도 다른 것과 전혀 어울리지 않는 무언가가 다가오고 있는 것이 느껴졌습니다.

'무엇일까, 이 느낌이... 아니, 저건, 으아, 멋지다!'

좌회전을 해야 하기에 돌아보는 왼쪽 편에서 달려오는 것은 까만 말이 혼자 이끄는 까만 마차, 그리고 위에 올라타고 있는 까만 정장에 까만색의 높은 모자를 쓴 신사입니다. 사거리 신호등이 있는 하이웨이 길을 달려오던 마차는 신호등이 채 바뀌기 전에 달려 건너갑니다.

십여 마일 떨어진 곳에 '칼로나'라고 부르는 마을이 있습니다. 언젠가 미국의 유명한 남배우가 주연한 영화의 스토리가 전개되던 곳이기도 하지요. 한 번 가본 그 마을에서는 아직도 마차를 타고 다니며 아이들도 그들 방식으로 교육을 하는 학교가 따로 있습니다. 자동차가 만들어지기 전의 생활을 그대로 이어가고 있는 그들을 보면 머리가 감탄이 나옵니다.

상징처럼 작은 모자를 살짝 머리에 올려놓은 여인들과 아이들은 겨울에도 얇은 천으로 만든 같은 디자인의 원피를 입고 그 위에 코트를 걸치는 정도입니다. 수염을 기른 그들 남정네들과 할아버지를 보면 옛날 우리 조상들의 모습이 떠오릅니다. 텔레비전도 없이 사는 그들의 외고집 같은 풍습은 문명과는 전혀 타협을 할 생각이 없어 보입니다.

'우리는 우리 식으로 살겠다. 불편해도 괜찮다.'는 그들의 생활 모습은 무조건 새것을 좋아하는 우리들의 생활과는 너무나 큰 차이를 보여줍니다. 변함없이 속이지 않고 내어주는 그들의 땅에서 분수만큼 욕심 없이 살고자하는 그들을 이 시대의 '성자'라고 불러도 되지 않을까요.

변함이 없는 것은 따뜻한 것입니다.
변함이 없는 것은 미더운 것입니다.
변함이 없는 것은 확실한 것입니다.
변함이 없는 것은 소중한 것입니다.

풀은 마르고 꽃은 떨어지나 오직 여호와의 말씀은 영영토록 계신 것을 기억해야 할 것입니다. 하나님은 에스골 골짜기의 마른 뼈들을 하나님의 군대로 만드십니다. 영과 혼과 관절과 골수를 찔러 쪼개시는 하나님의 말씀이야말로 무기력하고 헛된 행동을 반복하는 우리의 삶을 찬송과 기쁨으로 채우는 나날로 바꾸어주실 것입니다. 혹은 병거, 혹은 말을 의지하나 오직 나는 나의 하나님 여호와를 의지하리라 시편의 기자인 다윗은 하나님을 찬미하고 있습니다.

무엇에 초점을 두고 살고 계신가요.

지금 이 시간 가장 귀하게 여기는 것은 무엇인가요.

변함이 없게 만드는 일을 하는 소금을 우리에게 주신하나님께서는 너희 속에 소금을 두고 서로 화목하라고 하십니다.

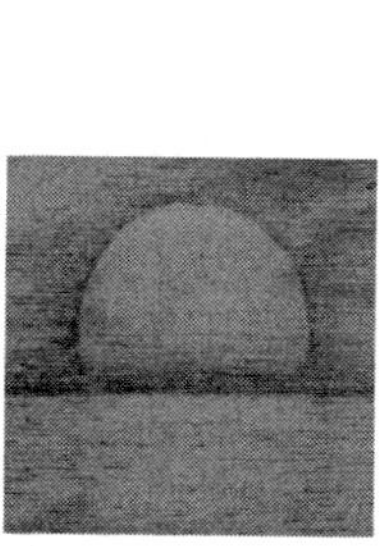

조물주 하나님

초저녁부터 화씨 영하로 내려가기 시작합니다.

아까운 듯 흩뿌리던 비가 잔뜩 오기가 오른 한겨울 추위를 몰고 왔나봅니다. 한편 휴우 안심이 되기도 합니다. 겨울은 겨울다워야 하고 여름은 여름다워야 밭이랑 청소도 될 것이며 콩이며 옥수수를 실컷 여물게 해주겠지요. 달콤하고 샛노란 옥수수 알갱이는 눈 녹은 물이 잘 스며든 검은 땅에서 잘잘 끓는 햇볕을 받으며 달달한 꿈을 꿀 테니까요.

별스럽지 않은 말이건만 자연스럽게 있는 그대로 보이는 것이 어려운 세상입니다. 여성은 여성답고, 남성은 남성답고, 늙은이는 늙은이답고 젊은이는 젊은이답고 선생님은 선생님답고 학생은 학생다운 것이 쉬운 일이 아니라는 걸 우리는 점점 더 깨달아가고 있습니다. 그래서 자연은 인간의 스승이라고 하는 건가요. 자연스러워지기가 이렇게 어렵다니요. 웃는 것도, 우는 것도, 화를 내는 것도, 말하는 것도, 모두 자연스럽지 않기는 마찬가지입니다.

그래서 어떤 종류의 역할이나 행위를 남보다 능숙하게 하는 것을 탤런트라고 명명하는 것인지도 모르겠습니다. 얼굴의 표정부터 말 행동까지 자기 것이 아닌 것을 자기 것처럼 해낼 수 있는 천부적인 능력은 그 사람을 요즘 제일 듣기 좋은 말인 '스타'라는 말로 불러줄 만큼 인기 있는 직업의 대명사가 되었습니다.

그런 종류의 능력을 탤런트라고 부르는 시대가 바로 우리가 살아가는 이 시대입니다. 어린 자녀를 탤런트로 키우기 위하여 동분서주하는 부모들의 이야기가 오르내립니다. 문제는 하늘에 가득한 것처럼 보이는 별이지만 실제 생활에서 성취되는 일이 극히 드물다는 것입니다. '스타'로 키워낸 자녀가 '스타'가 되지 못해서 자신의 울타리를 벗어나지 못하고 마음고생하고 있는 일을 흔히 볼 수 있습니다.

하필이면 멀고 먼 하늘의 별이 되기를 소망했을까요. '스타'가 된 다음에 말할 수 없이 환상적인 박수와 찬사를 받던 어느 날 자신만의 문제 속에서 안타깝게 스러져간 '스타'들이 있습니다. 아까운 그들의 재능이 그들을 데리고 안타깝게 사라져버린 것입니다. 차라리 필부필녀로 살았으면 무사했을 텐데, 아쉬움은 이젠 망상일 뿐입니다.

스타들의 세상, 스타들의 행보와 쇼가 모르는 사이에 보통 사람에게 물이 들어 중독 증세까지 일으키는 세상이 되어갑니다. 이스라엘 사람들에게도 '스타'가 있었습니다. 40년 고난의 연속이었던 광야 생활 후에 도착한 비옥한 가나안 땅에서 그들은 크고 작은 분쟁을 겪어야 했습니다. 가나안 일곱 족속은 매우 호전적이며 이주해온 이스라엘 민족을 미워하고 시기해서 틈만 있으면 괴롭히려고 했기 때문입니다.

어려움을 겪을 때마다 하나님께서는 그들에게 특별한 사람들을 보내주셨는데 이른바 '사사'라고 부르는 사람들입니다. 사사는 재판을 해주기도 하고 다른 족속과 분쟁이 일어나면 지휘관 또는 대장이 되어 앞장서 주었습니다. 그것에 만족하지 않은 이스라엘 사람들은 자기들에게도 왕을 세워달라고 마지막 사사인 사무엘에게 요구를 했습니다. 사무엘은 극구 말렸습니다.

고집을 꺾지 않은 이스라엘 민족은 보통 사람보다 머리 하나만큼 키가 큰 사울, 인물이 좋은 사울을 왕으로 받들게 되었습니다. 그때부터 하나님의 직접적인 통치에서 벗어나 왕을 섬겨야 하는 힘든 역사로 접어들게 됩니다. 하나님께서 가장 싫어하시는 것은 교만입니다. 왜냐하면 교만은 사람으로 하여금 자신이 죄인인 것을 모르게 하기 때문입니다. 사울 왕은 콤플렉스가 가득한 교만한 왕이 되었습니다.

하루하루 지나고 보면 아침부터 저녁까지 나의 마음하나 다스리지 못하는 존재임을 깨닫게 됩니다. 마음을 다스리지 못하는데 어찌 말과 행동을 다스릴 수 있겠습니까. 그러므로 저녁마다 우리는 하루치의 회개를 해야 할 수밖에 없습니다. 그러므로 매일 발을 씻어야 한다고 예수님은 말씀하셨습니다.

저녁마다 그날그날 생긴 앙금을 마음에 남겨두지 않고 화해를 한다면 우리의 가정과 모든 인간관계는 물론 사회의 모습도 지금과 달라졌을지도 모릅니다. '미안해', '내가 잘 못했어'. 이 말보다 아름다운 말이 있을까요. 하나님과의 관계도 마찬가지입니다. 삼라만상의 모든 것이 하나님의 영광을 드러내고 있음에도 불구하고 억지로 부인하며 조물주 하나님의 존재를 부인하려 드는 사람이야말로 가장 어리석은 사람입니다.

저절로 생긴 것은 없습니다.

저절로 모든 것이 생겼다고 생각하는 사람은 자신의 몸도 저절로 생겼다고 생각해야할 것입니다. 인간을 포함한 모든 사물은 각기 목적을 가지고 생겨난 것입니다. 그 목적에 합당하게 살아드리는 것이 인간의 도리요. 하나님 앞에서 부끄럽지 않은 합목적성을 드러낼 것입니다.

지나온 날을 돌아보며 다시 시작할 수 있는 기회가 주어진다면 또다시 그렇게 살지는 않겠다는 생각이 지배적일 것입니다. 인간은 유한한 존재요, 시행착오를 거치면서 살아가는 존재이기 때문입니다. 한 번으로 지나가는 인생입니다. 아까운 분초요, 정금보다 귀한 것이 시간인 것입니다. 속히 자리를 털고 일어나 이제껏 맛보지 못한 확신과 희망이 기다리는 자리로 옮겨 보시지 않겠습니까?

우리 해피 만세!

1,1,1, 일자로만 된 1월 11일 우리 해피는 태어났답니다.

생후 3개월 된 주먹만 한 아기 강아지를 데리고 와서 같이 산 것이 3개월 지나면 11년이지요. 뇌종양이라는 선고를 받은 무거운 마음, 그런 아내를 둔 더 무거운 마음의 잔인한 4월. 막막한 우리는 오물거리는 귀여운 동물이 진열된 마트에 들어갔지요. 프로리다 올란도의 한 마트에서 운명적인 만남은 이루어졌습니다.

유난히도 작은 몸집, 겁먹은 커다란 검은 눈망울의 요키 강아지, 우리 해피였습니다. 800그램이 채 안 되는 작은 해피는 쳐다만 보아도 금방 울음을 터트릴 것만 같았습니다. 작고 허약해 보여서 누구나 피할 그런 강아지, 가게 점원은 1년 동안 아프면 병원비를 물어준다고 했지요. 그 말을 믿고 데려온 강아지는 밥도 잘 먹지 못했습니다. 게다가 오자마자 토해서 그냥 안고 있어야 했지요. 밤이 되어 작은 박스에 신문지를 깔고 들여놓았습니다.

거실에 두었더니 한 밤중 2시에 잉잉 우는 소리가 났습니다. 달려가 보니 해피는 신기하게도 두 뼘이 될 높은 박스를 뛰어올라 쇼파에 울고 서있었지요. 소변이 보고 싶을까, 밖으로 데리고 나갔습니다. 현관 밖의 잔디 옆에서 해피는 종일 참았던 소변을 보는 것이었었습니다.

말을 잘 알아듣는 해피는 한 식구가 되었습니다.

저녁 9시에 드리는 가정예배 시간을 너무도 잘 기억하게 된 것입니다. 다른 곳에 있다가도 찬송 부르는 소리가 나면 내 옆으로 옵니다. 가만히 앉아서 찬송과 성경 읽는 것, 기도드리는 것을 듣고 주기도문을 하면 끝나는 줄 알고 일어나 방으로 들어갑니다. 이제 그만 자자는 뜻입니다.

처음 한국에 다니러 갈 때 한 달 동안 애완동물 맡기는 곳에 두었습니다. 돌아오니 해피는 몇 발작 걷다가 주저앉기를 반복했습니다. 회복되는데 6개월이 걸렸지요. 자기를 버리는 줄 알고 크게 마음이 상했었나봅니다. 그래서 데리고 태평양을 오간 것이 네 차례입니다. 하루 종일 가는 긴 여행을 먹지도, 볼 일을 보지도 않고, 참는 해피는 승무원들도 놀라게 만들었습니다. 쥐 죽은 듯이 소리도 내지 않기 때문입니다.

강아지 사료를 주면서, 상 위에 있는 야채를 조금씩 먹게 해주는 우리에게 하나님은 답답하셨나봅니다. 한국에서 지내던 동안 뒷산에 오른 것이 두어 번인데, 처음 오른 산에서 큰 개를 데리고 온 사람을 만났습니다. 개와 함께 앉아서 쉬던 그 여인은 강아지를 안 데리고 걷던 우리에게 대짜고짜 묻는 것이었습니다. "개가 먹으면 안 되는 걸 아세요?" "무언데요?" "양파입니다." "네?"

그때까지 모르고 볶은 야채 속의 양파를 자주 준 적이 있었습니다. 먹으면 큰 일 난다는 말에 정신을 차렸습니다. '어머나... 우리가 한국에 온 것이 또 다른 이유가 있었구나. 정말 하나님은 동물과 사람을 똑같이 사랑하시는 걸까.' 양파를 안 먹게 된 후부터 해피는 눈에 띠게 건강이 좋아졌습니다. 그러나 아직도 상가빌딩 근처에 가면 떼어 놓을 까봐 그런지 울기 시작합니다.

우리 해피는 겁쟁이라 그런지 말을 정말 잘 듣습니다.

뿐만 아니라 잘 웃기도 합니다. 이름을 부르면 달려오면서 입이 귀에 올라가게 웃지요. 얼굴을 가까이 들여다보며 웃으면 저도 따라서 웃습니다. 언제나 행복한 해피입니다.

마음과 몸이 제일 무겁던 그해에 우리 집에 와서 기쁨을 나누어준 해피, 늘 웃어준 해피, 아침부터 잠자리 들 때까지 곁에서 지켜보아주는 해피는 하나님의 선물입니다. 팔뚝보다 작은 것이 모든 것을 파악하는 눈치입니다. 기도하다가 눈물을 흘리면 다가와서 핥아주는 해피는 눈물의 의미를 아는 모양입니다.

해피에게도 슬픔이 있습니다.

11살이 되었어도 새끼를 가져보지 못했으니 큰 슬픔이었나봅니다. 몇 년 동안 두어 달씩 조그만 기린 인형을 새끼로 여기는지 물고 다니며, 데리고 자며, 젖을 물리는 시늉을 하곤 했지요. 의사는 상상임신이라고 했습니다. 너무 작으니 새끼를 갖지 않는 것이 좋을 거라고 조언을 해주는 의사의 말을 따르다 보니 건강하게 살기는 하지만 큰 슬픔을 겪게 되었습니다.

오늘로 열한 살이 된 해피가 지금처럼 계단도 잘 오르내리고 밥도 맛있게 잘 먹고, 예배도 잘 드리고, 옆 자리를 지켜주면 바랄 것이 없겠습니다. 예배 시간 마다 기도를 빼지 않고 합니다. '우리 해피 건강하게 오래 살게 해 주세요'라고요. 해피의 순수한 웃음을 배우고 싶습니다. 그렁그렁한 눈물도 말이죠. 본능과 이성, 육신과 영혼 사이에서 길을 헤매다가 웃음도 눈물도 잃어버리는 사람이 많은 이 세상에서 말입니다...

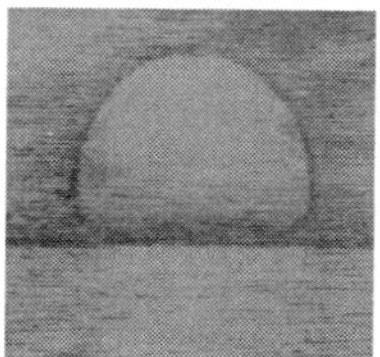

왜 길조인가

나뭇가지 사이로 보이는 조각난 하늘이 유난히 파란 날입니다.

제풀에 파르르 떠는 가지 끝에서 옮겨 다니며 무언가를 찾는 딱따구리가 보입니다. 골이 팬 나무껍질을 짧은 부리로 쪼는 걸 보면 박진감이 넘치는 영화의 장면 같습니다. 하늘이 유난히 파란 날은 매섭게 추운 날이지요. 유난히 파란 하늘 건너 콜콜 잠들어 있을 가족을 떠올립니다. 새해인사를 다니던 시절이 그립습니다. 색동저고리 치마를 차려입고 고궁을 다니던 일도 엊그제 같기만 합니다.

고요함이 작은 동작을 감추고 있습니다.

다람쥐들도 숨을 죽이고 있는 듯합니다. 갑자기 오른 쪽 하늘에서 날아오르는 새가 보입니다. 흰머리 독수리입니다. 미국의 상징인 흰머리 독수리를 이처럼 눈앞에서 보는 것은 생전 처음입니다. 집 앞의 숲 위를 오른 쪽에서 왼 쪽으로 우아하게 미끄러지듯 날아가더니 멀리 한 바퀴 돌았는지 다시 그 위치에서 그 자세로 날아갑니다. "나 흰머리 독수리 맞아."라고 말하며 눈도장이라도 찍는 것 같습니다.

그래서 작은 새며 다람쥐도 숨을 죽였던 모양입니다. 하얀 빛이 눈이 부시도록 아름다웠습니다. 머리와 꼬리가 함께 하얀 독수리가 웬 일일까요. 작은 움직임도 없이 나르는 모습은 무엇과도 견줄 수 없는 기품이 있어 과연 하늘의 제왕처럼 군기가 넘쳐흐르고 있습니다. 독수리가 날아가고 빈 하늘에 까마귀 한 마리 파드득 날아갑니다.

걸어서 10분 거리에 있는 병원은 미국에서 병상이 제일 많다는 대학병원입니다. 미국인들의 지배적인 생각을 보여주듯 세상을 떠나는 많은 사람들이 사회를 위하여 재산을 기부하는 데 그중 하나가 병원입니다. 아이오와 병원은 대단한 규모로 시설을 계속 확장하고 있지요. 모두 기부금으로 지어지는 것으로 알고 있습니다.

병원이 크다보니 이 동네에는 병원 관계자들이 많이 살기도 하지만 병원 냄새를 맡아서 그런지 까마귀도 많이 살고 있습니다. 이곳의 까마귀는 사람을 무서워하지도 않습니다. 가까이 보면 짙은 까만색에 반짝거리는 청동색이 비칩니다. 몸집은 한국의 까마귀보다 작습니다. 까마귀를 하도 많이 보다보니 귀엽다는 느낌이 듭니다. 무서워하지 않으니 더 친근감이 들어서인가 봅니다.

어느 곳에서는 불길한 새인데 미국의 까마귀는 길조라고 여겨지고 있습니다. 왜 그렇게 극심한 생각의 대조를 보여줄까요. 서부극을 좋아하는 저는 생각을 해봅니다. 개척자시대의 미국 땅에서는 사람의 모습이 귀했을 것입니다. 말 타고 길을 떠나면 살아 돌아온다는 보장이 없었던 곳이 바로 미국 땅이었지요.

집을 나간 가족에게서 소식이 없을 때 막막한 넓은 황야에서 사람이 있는 곳을 가르쳐주는 것은 오직 까마귀 아니었을까요. 더구나 강도를 만나 몸이 상한 경우가 많은 그 시대에 애절한 가족의 마음을 달래주는 귀한 새였으리라 생각해봅니다. 골목에서 이리저리 비켜서면서도 물러나지 않고 텃세를 하며 동네를 지키는 길조가 있음도 감사할 뿐입니다.

예루살렘에서 여리고로 내려가던 사람이 강도를 만났습니다.

여리고로 내려가는 길은 험하고 경사도가 높은 산길이었지요. 우리는 지금 예루살렘에서 여리고로 내려가는 길에 있는 것은 아닌가요. 예수님은 이스라엘의 잃은 양을 찾으러 오셨다고 하셨습니다. 통계상으로 보면 이전에 믿음을 가지고 있었거나 주님을 가까이 하던 사람이 현재 신자라고 하는 사람보다 더 많다고 합니다.

또한 첫사랑의 믿음을 잃어버린 사람도 더 많이 있을 것입니다. 계시록에는 첫사랑을 찾으라고 말씀하고 계십니다. 가장 곤경에 처한 순간에 주님과 맺은 약속을 잊고 지내는 것은 아닌지 돌아봅니다. 손해가 되더라도 약속을 지키는 믿음을 귀하게 보시는 주님이십니다.

우리는 어디쯤 지나가고 있을까요.

단 한 번뿐인 인생길에서 '내일이 오지 않을 지도 모르니 오늘이라도 먹고 즐기자'하며 귀한 시간을 낭비하는 것은 아닌가요. 지나간 시간은 돌아오지 않습니다. 흙으로 돌아갈 육신에 속한 것을 위하여 시간을 사용해야 할까요, 사라지지 않을 영원한 생명의 행복을 위하여 시간을 사용해야 할까요...

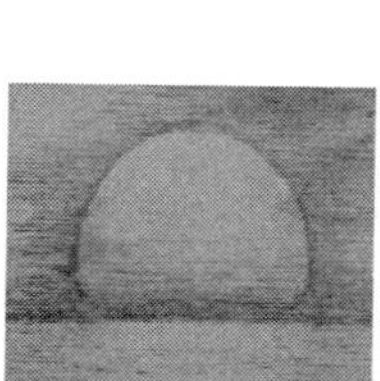

감추지 않아도 돼

아침에 일어나니 가지마다 하얀 눈이 소복합니다.

거무티티한 나무에 하얀 옷을 입혀주고 싶은 손님이 몰래 밤에 다녀 갔나봅니다. 데크의 유리 탁자에도 옆집 통나무 울타리에도 하얀 눈이 덮여있습니다. 하얀 색 앞에서는 아무것도 감출 수가 없습니다. 작은 반점도 김치 국물도 가느다란 새 발자국도 그대로 드러납니다.

여기보다 눈이 다섯 배는 더 쌓인 메인 주의 어느 팍 경찰은 새의 발자국을 보고 따라갑니다. 보통의 새 발자국이 아니라 아픈 새의 발자국임을 알아차렸기 때문입니다. 눈 위에 뚜렷이 나있는 발자국은 다리를 끌고 있습니다. 발자국과 발자국 사이에 기다랗게 나있는 줄이 그 사실을 알려줍니다. 한참 눈 덮인 들판과 골짜기를 따라가 보니 발자국이 사라지고 없습니다.

눈 위에 핏자국을 남기며 걸어간 새는 들판을 질러가는 냇물이 흐르는 소리를 듣고 찾아갔나봅니다. 흐르는 물 위에 여기저기 난 구멍으로 경찰은 엎드려 들여다봅니다. 그 속에는 새 한 마리가 헤엄을 치며 무언가를 찾고 있습니다. 경찰은 이쪽에서 묘한 소리로 새를 부릅니다. 묘한 소리로 새가 대답을 합니다. 대답을 한 새는 아래 쪽 얼음구멍으로 기어나옵니다.

경찰은 커다란 사각 플라스틱 박스를 새 위에 덮어 무사히 구조를 하여 기뻐하며 돌아옵니다. 허술한 집에는 새를 위한 작은 수조가 있고 그 안의 새는 작은 물고기를 잘 받아먹습니다. 허술한 집에서 새는 엑스레이를 찍고 치료를 받고 큰 호수로 돌아갔지요. 모두 기뻐하고 즐거워하는 모습이 정겨웠습니다.

이름도 없는 새 한 마리를 위하여 수고하는 이들이 눈에 들어왔습니다. 물론 보수를 받고 하는 일이겠지만 그들의 일은 작은 봉사와 수고입니다. 작은 생명을 위하여 추위와 날씨 환경도 아랑곳없이 행하는 그들의 일은 결코 작은 일이 아니라 생각됩니다. 그제는 오랜만에 산책을 나온 터어키 가족을 보았습니다.

골짜기에서 올라와 차가 다니는 길을 걸어 올라가는 터어키 일행의 모습이 옆집 레니의 집과 그 옆집 사이로 보였습니다. 하나가 올라가고 또 하나가 올라가고 느릿느릿 걸어가는 모습은 식사를 잘 끝내고 동네 산책을 나온 사람들의 걸음걸이였습니다. 자기들의 영역인 것처럼 당당하고 우아하게 걸어가는 칠면조 가족이 반가웠습니다.

이 나라는 이민자들로 구성된 나라입니다.

물론 이 땅에 들어온 시각은 다 다르겠지만 모두 새로운 환경과 사고의 자유를 찾아서 개척의 정신을 가지고 온 것입니다. 여러 가지로 얼룩진 역사도 있지만 고통과 실패 없이는 발전도 없었을 것입니다. 첨단 과학의 시대인 요즈음 지구상에서 거리의 개념도 달라지고 모두가 동시에 대화를 주고받는 때이고 보면 자기의 영역에서 조화를 이루며 자기만의 페이스를 가지고 만족하며 사는 것이야말로 가장 필요한 것이 아닐까요.

인간이 만든 도시 안에서 자유를 누리며 자기들의 가족과 함께 행복을 누리는 칠면조 가족이 새삼 부럽게 느껴집니다. 그들을 지켜주는 손길과 보아주는 눈길이 있어 더욱 빛이 나는 1월의 오후입니다.

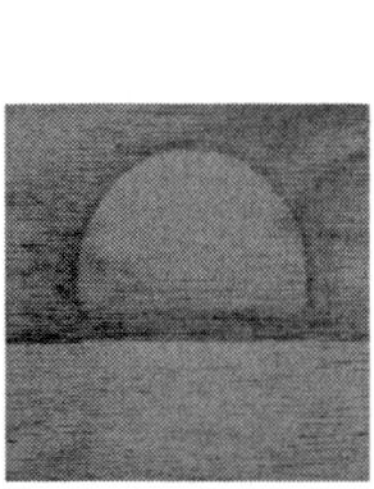

사랑이라는 말로는 부족합니다

(생명의 말씀사 <사랑이라는 말로는 부족합니다>)

거의 매일 찾아오는 사슴 가족에게 미안한 것은 추위에 배고플 텐데 아무것도 줄 것이 없는 것이었습니다. 지난번에는 오렌지를 잘라서 던져주었지만 그냥 지나쳐 가버렸지요. 오늘도 길을 나선 사슴 가족은 네 마리, 자주 보던 그 가족이었지요.

우리 집 앞 골짜기에 올라오는 걸 보았는데 어느새 뒤의 옆집 마당에서 사이좋게 무언지 먹고 있습니다. 눈 위에 흩어져 있는 노란 가루가 보입니다. 열심히 먹는 걸 보니 꽤나 좋아하는 것인가 봅니다. 두 마리의 큰 퍼그를 키우는 그 집의 주인 내외는 지날 때마다 눈에 띄면 손을 흔들고 날 좋을 때 걷다가 만나면 인사를 몇 마디씩 꼭 나누게 되는 친절한 이웃입니다.

아이오와에서는 귀한 돌을 어디서 구해오는지 지구본처럼 생긴 매끈하게 다듬은 돌 서너 개로 정원을 장식하는 독특한 취미를 가지고 있습니다. 주인을 닮았는지 걸음걸이가 아주 느린 그 집의 개는 자기가 사랑 받고 있다는 걸 잘 아는 눈치입니다. 그런데 그 주인은 어떻게 사슴이 좋아하는 걸 알아냈을까요.

동물을 좋아한다고 내심 생각하던 자신이 부끄러웠습니다.

적어도 좋아한다고 하면 좋아하는 것이 무엇인지는 알아야 하고, 아니면 연구라도 해보아야 할 텐데, 그런 노력도 하지 않고 좋아한다고 했으니까요. 까무러친 다람쥐에게는 딸기와 땅콩으로 마음이 통했는데 이 추운 겨울 먹을 것을 찾는 사슴에게는 아무것도 베풀지 못했습니다.

사람과 사람 사이도 그런 것 아닐까요.

우리는 좋아한다는 것을 표현 하는데 급한 나머지 정작 중요한 것은 뒤로 하고 있는 게 아닌지 모르겠습니다. 더구나 요즈음 무엇이나 사랑한다고 말하는 게 습관이 되어버린 시대에 우리는 의미를 정확하게 알고 사랑하고 있는 걸까요.

영어에서는 햄버거를 사랑한다고 흔히 말합니다. 가장 밀초적인 신경이 작동하는 것에 '사랑'이라는 말을 사용하고 있습니다. 도리어 좋아한다는 말 'like'는 심사숙고하여 사용하는 것 같이 보이기도 합니다. 요즈음 생명의 말씀사에서 나온 책 '사랑이라는 말로는 부족합니다'라는 책에 푹 빠져 있습니다. 우리가 흔히 생각하는 사랑이라는 말로 표현할 수 없는 '사랑'이 성경에는 꽉 차 있으니까요.

하나님의 사랑을 어떻게 달면 삼키고 쓰면 뱉는 그런 관계에 사용하는 말 '사랑'으로 표현할 수 있을까요. 한 선교사에게서 '원수의 자녀들을 구하기 위하여 외아들을 죽게 할 만큼 인간을 사랑하신 분이 하나님'이라고 들은 인디안 여인이 외쳤답니다. "그 사랑은 사랑이 아닙니다. '사랑'이 아닌 다른 위대한 말로 표현되어야 합니다" 라고요.

그렇습니다. 어떻게 아무 죄 없는 순결한 예수님께서 인간의 죄를 대속하기 위하여 제일 극악한 죄수에게 내리는 형벌을 받으신 것을 제일 흔한 말 '사랑'이라는 두 자로 말 할 수 있겠습니까. 가시로 만든 것이 무슨 관이겠습니까. 당 수치를 체크하는 극히 미세한 바늘에 찔려도 아프고 피가 나오는데 탱자 가시로 엮은 관을 씌우고 내리 쳤을 때 주님의 이마에서는 앞이 안 보이도록 붉은 피가 흘러내렸을 것입니다. 그 가시에 찔린 자리에서 흐르는 핏자국이 주님의 눈동자에 어려 있는 것을 보았습니다. 가까이 다가오셔서 저의 눈을 들여다보시던 그 눈동자를 잊을 수가 없습니다.

다른 어떤 일을 하다가도 주님의 눈동자 생각을 하면 눈물을 금할 수가 없습니다. 우리가 하루에도 수백 번씩 짓는 생각의 죄 때문에 주님은 끔찍한 가시에 수도 없이 찔리신 것입니다. 살인과 똑같다고 하신 미워하는 죄, 사술과 같다고 하신 완고한 고집의 죄, 죄가 없다고 하는 교만의 죄, 하나님이 어디 계시느냐고 하는 불신의 죄, 남을 해치려고 꾀하는 악한 죄, 등등... 이러한 죄악이 모르는 사이 잠식해 들어오지 않나요?

미국의 유명한 코미디언 배우가 스스로 세상을 떠나갔습니다.

그가 소유하지 못한 것이 무엇일까요. 우리가 추구하는 것을 이미 소유하고 있었을 그가 살아갈 목표를 잃은 것은 무엇 때문일까요. 눈에 보이는 것은 우리에게 진정한 평안을 줄 수 없습니다. 눈에 보이지 않는 명예도 행복하게 해주는 것은 순간일 뿐입니다.

모든 것을 다 이루었다고 생각되는 많은 사람이 소망을 잃고 떠나갑니다.

목표가 없는 삶을 살았기 때문입니다. 달리는 사람이 목표 지점을 알지 못하면서 달리는 것과 같은 것입니다. 인류의 위대한 스승들은 그들의 가치를 보이지 않는 것에 둔 것을 기억해야 합니다. 보이는 것을 추구하는 것에 골몰하고 있는 현대인들에게 무언의 훈계를 보내고 있는 것입니다.

그들 중에 우리의 돌아갈 곳에 대하여 확실하게 말해준 사람은 한 사람도 없었습니다. 아무리 아름다운 경치를 바라보며 값비싼 여행을 즐기고 있어도 돌아갈 집이 없다면 정처 없는 방랑객일 뿐입니다. 내가 돌아갈 곳에 사랑하는 이가 기다리고 있다면 금상첨화일 것입니다. 정처 없는 방랑객이 될 것입니까. 나를 위하여 목숨까지 내어주신 사랑하는 주님이 기다리는 곳으로 돌아갈 것입니까.

다시 일어선 나무

레이스 커튼이 남겨놓은 부엌 창 앞에는 고목나무가 버티고 있습니다.

대대적인 집수리를 하면서 창문을 크게 늘렸지요. 난방 시설이 시원치 않던 오십여 년 전 만들어놓은 창문, 작았던 것을 늘리고 보니 가슴과 눈에 숲이 안겨 들어옵니다. 다른 창문보다 작은 부엌 창 앞에도 아름드리나무가 몇 그루 보입니다.

오늘따라 바람에 꺾인 채로 떨어지지도 않고 매달려있는 가지가 눈에 뜨입니다. 가지라고 해도 지름이 2인치는 넘을 만큼 굵은 가지인데, 매달려 있는 것이 벌써 몇 년은 족히 되었습니다. 그 매달린 가지가 마음을 아프게 합니다. 마음대로 떨어지지도 못하고 거꾸로 매달린 가지는 껍질이 다 벗겨져서 하얀 속살이 드러나 있습니다.

다른 나무에도 색깔이 변한 가지가 보입니다. 그러고 보니 아래쪽으로 향한 가지는 다 기둥과 다른 색이 되어갑니다. 매달려 있다는 말이 절실하게 느껴집니다. 하늘을 향하여 올라갈 기운이 모자라서 땅을 향하고 있는 것입니다. 손으로 벗기려 해도 벗기기 힘든 나무껍질을 벗기는 것은 무엇일까요.

봄여름 가을 없이 불어대는 바람이 마르게 하고 떨어지게 하는 것이겠지요. 프로리다에 사는 동안 허리케인을 몇 번 만났습니다. 천천히 올라오기 때문에 시시각각 달라지는 태풍의 방향을 전해주는 미디어 방송이 더욱 두려웠습니다. 사는 곳으로 오는 것도 걱정이지만 다른 곳으로 온다고 해도 염려가 되는 것은 마찬가지입니다.

바로 우리가 사는 동네로 마주 오는 허리케인이 있던 여름 몇 년 키우던 야생의 거북이, 백 살이 넘었을 거북이를 도루 숲에 데려다주었습니다. 허리케인이 지나가는 날 한밤중 집의 제일 가운데 있는 화장실 바닥에 꾸부린 채 담요를 머리까지 뒤집어쓰고 있던 순간을 잊을 수가 없습니다. 말을 탄 군대가 지붕 위로 달려가는 것 같았지요. 다음 날 나와 보니 길은 아수라장이었습니다.

못으로 단단히 박은 지붕의 조각들이 사방에 굴러다니고 있었는데 어떤 집은 거의 다 뜯긴 집도 있었습니다. 휴지조각처럼 던져있는 그 지붕조각을 들어보니 한 조각이 쌀 한 자루 이상의 무게였지요. 그런 지붕을 얼마나 빨리 태풍이 떼어내며 달려갔는지 그 떼어내는 소리가 말발굽 소리 같았던 것입니다.

감사하게도 집 둘레에 나무가 많아 지붕이 몇 군데 뜯겨나간 정도였습니다. 그 대신 집을 지켜주느라 큰 나무가 여섯 그루나 넘어지고 말았습니다. 다 베어냈지만 한 그루는 40도 정도의 경사로 기울어 그냥 두었더니 신기하게도 똑바로 일어났습니다. 기울은 나무가 일어선 것은 정말 신기한 일이었지요. 비록 기울어있기는 해도 하늘을 보고 있으며 뿌리가 흙에 덮인 부분이 많아서 일어났나봅니다.

우리의 살아가는 동안에도 여러 종류의 많은 바람이 다가오고 지나갑니다. 국어의 맞춤법이 매년 바뀌듯 살아가는 형식이 달라지기 때문입니다. 보이지 않는 부분이 달라지는 것이 윤리와 도덕의 변화라면 보이는 부분이 바뀌는 것은 문명의 변화라 할까요. 살아가는 환경도 달라지고 우리가 사용하는 도구도 많은 변화를 가져왔습니다. 그러나 인간이 나고, 자라서, 성인이 되고, 자기 역할을 하다가, 늙어 수명을 다하게 된다는 사실은 변함이 없습니다.

이렇게 바람이 불듯이 변함없이 달라지는 인간사의 양태를 세상 풍조라고 말합니다. 세상 풍조가 달라져도 변하지 않는 것이 있는데 그것은 하나님의 말씀인 것입니다. 하나님의 말씀은 인간에게 해결되지 않는 죄와 죽음의 문제에 대하여 정확한 답을 제시해주시기 위하여 지금도 땅 끝까지 증거 되고 있는 것입니다.

현 시대는 편리함을 추구하는 시대입니다.

편리하면 좋은 것이 되고 있습니다. 윤리와 도덕과 교육의 기준도 편리함에 두는 추세입니다. 그러나 인간의 양심은 우리를 편하게 놓아두지 않고 있습니다. 그러므로 잊어버리기 위하여 스스로 자신을 마취하는 것입니다. 술이나 마약으로, 다른 약물로 편한 순간을 즐기려는 사람이 늘고 있습니다.

성경 말씀은 어느 것에도 매이지 말라고 하십니다.

그리고 술에 인 박이지 말라고 하십니다. 말이 행동을 낳고, 행동은 습관을 낳고, 습관은 운명을 낳는다는 말이 있습니다. 어떤 행동이 자신도 모르게 반복 된다면 다시 생각해야합니다. 자제가 안 되면 도움을 청해야 할 것입니다. 도와주시기 위하여 기다리시는 분이 계십니다.

아직 우리의 가지 끝이 하늘을 향하고 있다면 소망이 있습니다.

그리고 말씀을 붙잡고 있다면 더더욱 소망이 있습니다. 지금 먼지를 털어내고 성경을 펴십시오, 당신을 붙잡는 말씀을 기억하십시오. 그 말씀을 의지하여 간절히 도움을 청하시기 바랍니다. 그리고 다시 일어선 나무처럼 힘차게 새로운 걸음을 옮기십시오...

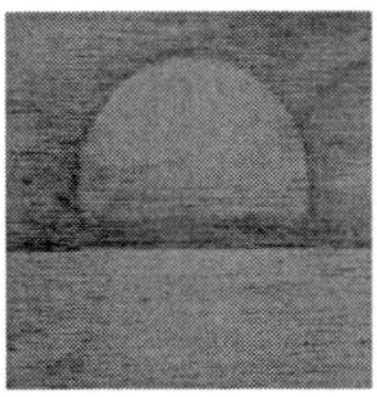

거품

성인병이 이러쿵저러쿵 하는 말을 듣고 살다보니 소고기 국을 끓여먹는 일이 별로 없는 게 우리 집입니다. 성인병이라는 것이 나이 들으면 나타나는 자연스런 노화 현상일 것입니다. 그럼에도 불구하고 노화방지 또는 10년 젊게 사는 비결 등의 꿈같은 제목을 붙인 소위 좋은 글이 마구 들어옵니다.

문 열어주지 않아도 밀고 들어오니 참 싫다고도 못하고 고민입니다. 생각해주시는 분이 보내시는 귀한 정보인데 별로 관심이 없는 것이 죄송할 뿐입니다. 시골에서 조용히 살며 사슴이나 다람쥐나 마주보고 살다보면 거울 볼 일이 없고 창 밖에서 들리는 자연의 속삭임이 더 달콤한 걸 누가 탓하랴 싶습니다.

용도에 맞는 소고기를 고르는 것이 여간 힘 드는 것이 아닙니다. 무조건 값이 비싼 것이 좋은 가하고 사 보아도 또 다른 맛이 납니다. 요즘처럼 따뜻한 겨울이라 해도 발목과 무릎에 찬 기운이 도는 1월에는 무를 큼지막하게 썰어 넣은 소고기 무국 생각이 간절하기만 합니다.

깍두기처럼 썰어 진공으로 포장하여 얼지 않은 소고기를 시험 삼아 사보았더니 여간 국물 맛이 좋은 게 아니었습니다. 눈이 많이 올 때를 대비하여 아예 네 봉지를 사다 얼려놓고 다시 국물을 내려고 이미 썰어진 고기를 물에 씻었습니다. 미국 사람들도 물에 씻는지는 잘 모르겠지만 선홍색의 핏물이 고인 걸 보고 그냥 넣을 수는 없었지요.

세 번을 씻어 냄비에 넣고 국 간장 조금, 참기름 조금을 넣고 살살 볶다가 찬물을 붓고 끓이기 시작했습니다. 돌아서 다른 일을 보는 사이에 소리가 요란해 보니 닫친 뚜껑 밑에서 난리가 났습니다. 넘치고 흘러내리고 그 거품의 힘이라니요.

아예 냄비 뚜껑을 열고 불을 낮추고 해도 막무가내로 올라오는 작은 공기 방울들이 모여 시위를 하는데 가라앉는데 꽤 시간이 걸렸습니다. 국자로 계속 걷어내도 올라오는 거품이 지치지도 않습니다. '나는 너하고 달라, 같이는 지낼 수 없어' 말하는 것처럼 보입니다. 무엇이 달라도 많이 다른가 봅니다. 밑에 있는 것들과 끓어 넘치는 것들 사이의 싱갱이가 눈에 훤히 보입니다.

'거품은 거품이라서 걷어내야 하는 걸까. 거품은 먹어서는 안 되는 것인가. 그렇기에 저렇게 천연스럽게 따로 뛰어오르는 것인가.'

피에는 생명이 있으므로 하나님의 것이라고 성경은 가르치고 계십니다. 그러므로 소나 양이나 짐승을 잡을 때 피는 먹지 말고 꼭 땅에 흘려보내라고 말씀하시고 있습니다. 그리고 내장과 기름을 태워서 향기를 하나님께 올려드리는 것이 번제라고 가르치고 있지요. 그러고 보면 하나님께서는 인간에게 몸에 좋은 것만을 먹도록 가르치신 것입니다.

'그 죽은 짐승의 생명이 자기가 갈 곳이 따로 있어서 기어코 넘쳐 나오는 것이란 말인가.'

우리는 거품이라는 말을 은연중에 많이 사용합니다. 경제적인 면에서 적정한 수준 이상으로 갑자기 가치가 올라간 것처럼 보이는 경우에도 거품이라는 말을 사용하는 것을 볼 수 있습니다.

일제 식민지 시대부터 읍 소재지에서 큰 상점을 운영하셨다는 어떤 분은 오래 전부터 내려온 상도덕, 또는 윤리의 관점에서 언제나 15% 정도의 이윤을 남기는 것이 적당하다는 말씀을 하셨습니다. 지금은 대량 판매의 시대이고 고가의 물건이 더욱 가치를 가진 것으로 평가되는 시대입니다.

어쩌면 적정 수준 이상의 이익은 파는 사람의 것이 아닌 것 아닐까요. 이스라엘 사람들은 사사시대부터 멀리 흩어져 살던 그들의 고향에서 하나님의 것을 구별하여 손님 접대와 가난한 이웃, 과부와 고아를 볼보는 일에 사용했으며 늙고 병든 레위인을 돌아보는 데 사용하기도 하였으며 그것이 하나님의 명령이었음을 읽을 수 있습니다.

명절이라는 대목을 보아 더 많은 이윤을 보려는 것이 아니라,

정도 이상을 넘어선 이익을 가지고 가난한 이웃과 과부와 고아를 돌보는 곳에 사용할 수 있다면 이 세상은 더 이상 살기 어렵고 냉랭한 세상이 아닐 것입니다.

'일부러 골라내지 못했어도 스스로 넘쳐 나와 먹지 못하도록 해주는 거품이 정말 고맙다. 아니라면 너도 나도 그냥 마구 먹을 텐데...'

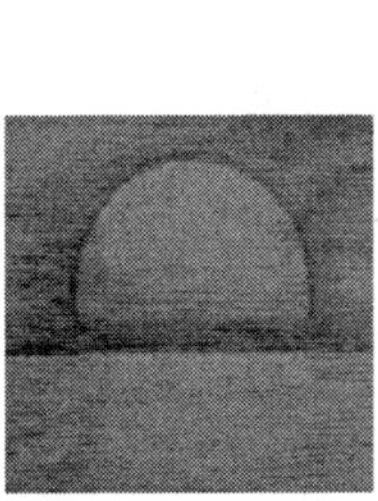

제 5 부

작아서 좋아요

전화기를 바꾸었습니다.

나이에 맞는 전화기, 아주 간단하고 가볍고 다루기 쉬운데다가 손 안에 쏙 들어오는 것으로 바꾸니 안심이 됩니다. 돌아서면 잊어버리는 것도 문제이지만 나도 모르게 떨어뜨리는 일이 많은 요즈음 까만색의 작은 전화기는 마음을 편하게 해줍니다.

2년마다 바꾸어야하는 전화기 때문에 은근히 비용도 많이 나가는데다 알 수도 없고 사용하지도 않는 복잡한 기능 때문에 사이즈가 커진 전화는 오래 들고 있으려면 무겁기도 했습니다. 더구나 왼쪽 귀로만 들어야하는 전화를 한 손으로 들고 있다 보면 팔이 저려옵니다. 그래서 생각해낸 것이 비스듬히 누워서 통화를 하는 것이었지요.

한 주에 한 번씩 드리는 문안전화를 기다리시는 친정어머니의 말씀은 쉽사리 끝나지 않습니다. 기대어 누워서 받기도 죄송하던 차에 가벼운 전화기는 짐을 덜어주었습니다. 전화기가 통화를 위하여 존재하는 것이 아니라 비즈니스를 위한 전용도구 내지는 시간을 보내기위한 아이 어른의 놀이개가 된 느낌이 드는 것이 저만이 아니겠지요.

전화를 바꾸어 오니 뜸한 전화기에 흔적이 남아있습니다. 잠간 사이에 누가 전화를 한 것입니다. 낯이 선 전화에는 번호가 찍혀 있습니다. 낯이 익은 번호... 반가워 다시 전화를 했습니다. 친구가 아닌 친구 사이, 열 살이 넘게 차이가 나지만 만나면 언제나 반갑고 반가워 지난 이야기를 다 나누는 사이, 좋은 친구를 만나게 해 주신 하나님께 감사드립니다.

이곳에서 만난 것이 벌써 이십 년 넘어갑니다.

처음부터 왠지 마음이 통할 것 같은 느낌을 주시던 분입니다. 자주 대화를 나누지 못했어도 점점 가까이 다가온 마음이 이제는 만나지 않으면 안 되는 사이가 되었습니다.

머리가 희어져가도 만나면 소녀가 되어 깔깔 웃으며 때로는 눈물지으며 서로의 마음을 다독여주고 격려해주고 깊은 곳에 감추어둔 이야기도 들어줄 수 있는 마음의 친구가 되었습니다. 필요할 때면 언제라도 다가가서 손 잡아주고 싶은 사람이 한 마을에 계시다는 것만으로도 기쁨이 됩니다.

우리가 함께 걸어가는 길은 성도의 길입니다.

천로 역정의 길처럼 시험과 환란이 여기저기에서 몸을 숨기고 엿보고 있는 길입니다. 하지만 보혜사 성령께서 함께 하시므로 주님을 의지하고 나아갈 때 모든 것을 넘어선 기쁨으로 걸어갈 수 있습니다. 왜냐하면 우리는 이 세상에 속한 보이는 것에 소망을 두지 않기 때문입니다.

눈에 보이는 것은 하나님 나라에 속한 것이 아닙니다.
오직 성도가 바라보아야 하는 것은 우리의 주 예수 그리스도입니다. 자기의 십자가를 지고 가는 사람만 하나님 나라에 합당한 사람이라고 말씀하셨습니다. 십자가는 '포기와 순종'의 삶의 모습입니다. 예수님께서 죽기까지 복종하신 것처럼 자기에게 주어진 사명을 감당하고 나아가는 사람만이 하나님 나라에 합당한 사람인 것입니다.

한해의 첫 달이 싱겁게 지나가는 오늘도 성도의 삶을 이야기하며 위로와 격려로 서로의 마음을 따뜻하게 해주는 친구를 주신 주님께 감사를 드립니다. 이렇게 아늑하고 한적한 마을에서 천국에 대하여 이야기 나눌 사람이 있다는 것, 얼마나 행복한 일인가요. 서로를 보듬어 주고 언제까지든지 서로 돌아보자고 이야기 나눌 수 있는 것, 얼마나 감사한 일인가요.

마트에서 어제 우연히 만난 선한 이웃은 은퇴하시면 여행도 함께 하자고 말씀하셨습니다. 하늘나라에 가까이 다가가는 늙어가는 시간 혼자 감당해야할 시간을 위하여 미리미리 예비해주시는 주님의 은혜에 할 말을 잃었습니다. 먼저 아시고 준비해두시는 하나님, 여호와 이레 하나님을 찬양합니다...

명절이라는데

내일 모레가 설날이라는데 이곳은 종용하기만 합니다.

한국 마트에 가서 일부러 받아오지 않으면 음력을 볼 수 있는 달력을 구할 수도 없기 때문입니다. 한국에서 음력으로 챙기던 생일도 바다 건너오면서부터 아예 양력으로 바꾸어 지냅니다. 각기 자기 일로 바쁜 자녀들에게 짐도 덜어줄 겸 말이지요.

'남자는 냉장고 안에 있어도 꺼내 먹지 못하니 잘 챙겨서 만들어 먹여야 한다'는 것이 친정어머니의 지론인지라 한 분 오라버니 아래 딸 삼형제 우리들은 배운 것이 부엌에서 부지런히 무엇인가를 만드는 것입니다. 잘 하지는 못하지만 자랄 때 먹던 어머니의 손맛을 잊지 않으려고 애를 쓰는 편이지요.

부모님 고향이 함께 휴전선 북쪽인 우리 부부는 좋아하는 음식도 아주 비슷합니다. 설을 며칠 앞두고 미리미리 명절 음식을 만들어 놓는 것도 재미인지라 만두며, 녹두 빈대떡, 완자 전, 등을 벌써 만들어 놓았습니다. 체력이 모자라서 전처럼 한 번에 다 만들지 못하니 미리 준비해두는 것입니다. 이번에는 인절미 떡까지 만들어 놓았습니다.

때마다 시루떡과 인절미, 수수부꾸미 등을 많은 사람 먹일 만큼 잘 만들어 오시는 분들이 교회에 계셨습니다. 우리 부부의 생일에도 하얀 떡에 노란 녹두 기피를 사이사이에 넣어서 색동으로 케이크처럼 만들어 주시던 분은 바로 저의 고등학교 한참 선배님이셨지요.

이제는 은퇴를 하시고 자녀들 곁으로 이사를 하셨지만 수년이 지난 올해에도 생일에 잘 지냈느냐고 전화를 주셨습니다. 정답고 그리운 분입니다. 가까이 하기에도 어려운 어른이신데 자상하신 마음은 누구도 따르지 못한다고 남은 이들은 아직도 모이면 입을 모아 이야기를 하고 있지요.

그분들이 손수 만든 떡 생각을 하니 직접 만들어 보고 싶었습니다. 이젠 이사를 가셨으니 우리 손으로 만들어 먹어야 하기도 합니다. 그런 중에 이십여 년 친구로 지내는 가정에서 인절미 만드는 기계를 주셔서 두 번 째 인절미 떡을 만들게 되었지요. 성공적으로 떡이 완성되었습니다. 한국의 시장 어디에서나 살 수 있는 떡을 고향 생각을 하며 홈 메이드로 만들고 보니 감개가 무량합니다.

필요하면 무엇이든 하게 되는 것이 사람 사는 모습이며 필요한 것이 귀한 곳에서 인정은 싹이 트나봅니다. 시카고에 다녀오신 이웃은 가지가지 생선을 대신 구해다 주셨습니다. 이런 행복을 맛보는 것도 이곳이 뚝 떨어진 시골이기 때문입니다. 설날 상에 오를 커다란 조기와 파릇파릇 반짝이는 고등어, 꽁치며 탐스러운 명태 알을 사다 주셨습니다.

손쉬운 알 탕의 비법을 소개해 보면 요리하기 1시간 전 적당량의 국물을 잡아서 거기에 얼려놓은 명태 알을 살짝 씻어 넣어둡니다. 천천히 녹은 탕 국물에 무와 피망 등의 야채를 조금 썰어 넣고, 파 마늘을 넉넉히 넣어 끓기 시작하면 불을 조금 줄여서 너무 오래 지나지 않게 끓이면 개운하고 맛있는 알 탕이 됩니다.

하도 싱싱해서 빳빳한 꽁치를 오랜 만에 소금 뿌려 구웠습니다. 잔가시가 있어서 좋아하지 않는 남편에게 이런 것도 못 골라 드시면 어떻게 하냐고 핀잔을 하고는 맛있게 먹었습니다. 하루가 지난 오늘 낮부터 묘한 느낌이 입 안에 돌아다닙니다. 그런 것 같기도 하고 아닌 것 같기도 하고...

묘한 느낌은 하루가 지난 오늘 저녁까지 계속 되었습니다.

혀를 대 보면 아닌데 왜 그럴까. 아무리 손가락으로 더듬어 보아도 알 수가 없습니다. 온종일 웃으면서도 말하면서도 밥을 먹으면서도 개운치 않은 이 느낌의 정체는 무엇일까.

앞니 사이 뒤쪽에 닿을 듯 안 닿을 듯 존재하던 것이 한 시간 전에야 빠져 나왔습니다. 2.5밀이미터 길이의 아주 작은 가시, 그걸 가시라고 해야 한다면 가시는 가시입니다. 신기하게 빠져나온 가시를 소톱으로 잡고 손가락 끝에 찔러보니 따끔한 게 여간 아픈 게 아니었습니다. 작지만 꼿꼿해서 굽어지지 않는 가시가 바로 위쪽 앞니 사이 안쪽으로 박혀있던 것입니다.

하나님 감사합니다.

그것이 그냥 박혀있었다면 어찌했을까요. 아무리 노력을 해봐도 만져지지도 않던 것이 어떻게 빠져나왔는지. 하나님의 은혜일뿐입니다. 이렇게 자세히 알고 계시는 주님 감사합니다. 그것도 모르고 사사건건 걱정하고 끌탕한 걸 용서해주세요.

테이블 스탠드 아래 놓고 들여다보니 주님의 이마에 박혀 있었던 가시가 떠오릅니다. 작은 쇳덩이가 붙어있는 채찍에 뜯겼을 주님의 살점. 온몸에 낭자했을 선혈은 영화보다 더 심했을 지도 모릅니다. 미련하고 모자란 우리의 죄와 불순종 때문에 흘리신 죄없으신 주님의 보혈입니다.

제일 큰 명절 유월절 잔치로 떠들썩한 성문 밖에서 한 때 함성으로 따라다니던 무리들에게서 버림받은 채 홀로 걸어가신 주님의 십자가의 길, 누구든지 나를 따르려거든 각기 자기 십자가를 지고 따르라고 말씀하신 주님을 기억합니다. 연휴로 희희락락한 뒤안길에서 눈물짓는 사람들을 기억하는 명절이 되면 얼마나 좋을까요.

미안하다 정말 미안하다

지난달부터 사극에 코가 꿰이고 말았습니다.

늦은 밤 채널을 돌리다 보니 웬 일로 한국말이 나오는 것입니다. 뉴스는 안보고 드라마만 골라 본다는데 마음이 동해서 한 달에 10불을 내는 조건으로 한 채널을 보게 되었습니다.

길고 긴 겨울 좋은 구경거리가 생겨 좋아했지요. 시간이 되어 기다리는 중 현대물 한 편을 더 보게 되었습니다. 내용인즉 평생 숨겨 놓은 자식을 생각하고 애가 타는 여인의 모습이 주요 줄거리입니다. 이렇게 저렇게 얼켜진 이야기는 눈물이 많은 저를 매일 울려 놓습니다.

어제도 오늘도 칠면조는 네 마리가 가족인지 열을 지어 걸어옵니다.

옆 뒷집의 마음 좋은 주인이 뒷마당에 뿌려놓은 옥수수 가루를 먹으러 골짜기를 올라오는 것입니다. 사슴도 와서 먹고 다람쥐도 먹고 칠면조까지 차례차례 다녀가니 볼거리가 늘었습니다. 멀리서 보면 공룡처럼 보이는 칠면조는 몸이 축이나 보입니다. 미물이라 부르는 동물도 가족이라고 똑같은 속도로 걸어갑니다.

동물이 지키는 질서를 사람은 왜 못 지키고 꼬일 대로 꼬여서 눈물로 살아야 하는지요. 어쩌면 이성보다 힘이 센 감성이 머리부터 발까지 끌고 다니는 것이 이유가 아닐까요. 차라리 본능만 있다면 마음이 편할 텐 데 이성과 감성이 주관적으로 따로 움직이는 바람에 속수무책으로 곤란을 겪는 것이 인간이 아닌가 싶습니다.

마음씨 바르고 착한 주인공은 악하고 야심 많은 사람에게 모든 것을 다 잃고 속으로 앓고 살고 있습니다. 그 세월이 수십 년이 되어간다면 아마 살아남기도 어려울 텐 데 극작가는 용케도 이어가며 그 모진 고초를 그려내고 있습니다. 가까이 두고도 말도 못하고 바라만 보는 어머니의 모습은 안타까움을 넘어서 함께 악한 자를 미워하게 합니다. 만일 이 드라마가 정의롭게 끝나지 않는다면 현대물 드라마를 다시는 보지 않을 것 같습니다.

드라마는 곧 그 시대상을 반영하는 것이기도 합니다.

등장하는 어린이들의 전보다 강한 자기표현을 보며 세월이 변하는 것을 느낍니다. 자기중심적이기는 하지만 표현할 수 있다는 것은 큰 발전을 뜻하는 것이지요. 어린 아이를 무시해온 한국의 정서는 더 많이 바뀌어야할 것입니다. 인간은 자연의 일부이며 그 자리를 지키는 것이 가장 바람직한 일이어서 특별히 선과 악의 구분이 확실하지 않은 듯 보이는 외국의 영화도 볼 수 있습니다.

악한 사람이 응징을 받는 것으로 끝나는 것은 서부극입니다. 총으로 세운 질서 위에 세워진 나라, 미국의 경찰은 정의를 지키는,

지켜야하는 사람이라고 대체로 여겨집니다. 그리고 시간과 여건에 상관이 없이 끝까지 추적하는 것으로 알려진 것이 미국의 경찰이고 수색입니다.

물론 바람대로 다 이루어지지 않는 것이 현실이지만 하나님은 사랑의 하나님이시고 공의의 하나님이십니다. 하나님의 공의와 사랑은 동전의 앞면과 뒷면 같아서 뗄 수도 없고 따로 생각할 수도 없습니다. 하나님께서는 사랑의 완성을 위하여 공의를 베푸셨고 공의를 이루기 위하여 죽기까지 사랑하셨습니다.

멸망의 길로 달려가는 인류를 위하여 구원의 길을 만드셨고 그 일을 성취하시기 위하여 스스로 죽음의 길을 가신 것입니다. 거룩하신 하나님의 공의로운 법은 죄악과 함께 하실 수 없기 때문입니다. 우리 개개인을 위하여 삶의 길을 베푸시고 대가 없이 그 길로 인도하시는 하나님의 구속의 역사를 '사랑'이라는 말로 다 표현할 수 있을까요.

선교사에게서 구원의 복음을 듣던 힌두교의 여신자가 말했답니다.

나도 자식을 키우는 엄마인데 어떻게 자기자식을 원수를 위하여 죽도록 내어줄 수 있느냐고요.귀한 자식은 감춰두고 싶지요. 부끄러워서가 아니라 너무도 귀해서일 겁니다. 혹여나 세상 바람에 다칠까 넘어질까 그래서 '불면 날아갈 까' 라는 말이 생기지 않았을까요.

어제 화분에 물을 주면서 우연히 피아노 위에서 겨울을 나는 서양 란 화분 세 개중 하나에서 보았습니다. 작년에 꽃을 피운 꽃대 끝에 손톱만한 이파리 세 개를 달고 있었습니다. 비비꼬여서 못생겼다고 가위질로 재단을 한 이파리로 새끼를 키우고 있었다니. 아기 이파리가 세 개나 나오도록 몰라준 것이 미안했습니다. 혼자 아기 키우느라 얼마나 힘들었을까요. 얼마나 부끄러웠을까요. '미안하다, 정말 미안하다.'

속내를 아시는 분

어제 계단을 내려오며 무릎이 시큰했습니다.

기도하라고 하시는 것 같아서 쇼파에 엎드려 주님께 조르다보니 후다닥 시간이 지나갑니다. 기도하는 시간도 글을 쓰는 시간도 나하고 마주앉는 시간입니다. 나하고 마주앉는 영혼의 테이블이 더 좋아집니다. 새끼를 낳아 몰래 키우고 있는 서양 란처럼 영혼의 양식으로 영혼의 호흡을 하며 영혼의 노래를 부르는 깊은 소망이 담긴 글을 쓰고 싶습니다.

글은 쓰는 사람의 분신이라고 생각해도 될 것입니다. 글 속에 쓰는 사람의 마음과 인격이 드러나 있기 때문입니다. 맑은 햇살이 창가를 적시는 지붕 밑 방에서 나직한 목소리로 조곤조곤 읽어주고 싶은 부드럽고 고운 속살을 가진 이야기를 나누고 싶습니다.

우리가 살아가는 세상이 비록 삭막하고 험한 가시밭이지만 혼자만의 주어진 길에서 이마의 땀을 훔쳐내며 걸어가다 보면 민들레도 피고 찔레꽃도 피고 산딸기도 여기저기 보이겠지요. 앞으로 갈 길 막막해보여도, 이고 가는 보퉁이에 기운이 진해가도 붙잡아 주시는 손길 계시니 넉넉히 걸어갈 수 있을 것입니다.

1월에 오던 겨울비는 꼬리를 감추고 한 주간 입춘 추위랍니다. 봄이 온다고 해도 여전히 추운 사람은 춥고 가난한 사람은 가난할 것입니다. 외로운 사람은 여전히 외롭고 슬픈 사람은 더 슬플 것입니다. 누구라서 다른 사람의 속내를 알 수 있겠습니까. 다만 아는 척, 모르는 척 지나가는 것이 사람의 상정일 것입니다.

우리의 속내를 다 아시는 분은 하늘 아버지뿐이십니다.

참새 한 마리가 땅에 떨어지는 것을 헤아리시는 하나님, 머리카락까지 한 올 한 올 헤아리시는 하나님이 우리 아버지십니다. 생각에 지나도록 베푸시기 원하시는 하나님께서는 주시는 말씀에 복종하는 체만 해도 축복해주시기 원하십니다.

우리 집에 오던 3개월 때부터 함께 예배를 드려 온 강아지 해피는 예배 시간을 정확하게 기억하는 눈치입니다. 저녁 8시 30분이 넘어가니 쇼파 건너편에 앉아서 빤히 쳐다봅니다. 9시 4분 전이 되니 건너와 자기 자리인 옆에 앉습니다. 하찮은 미물이라 누가 말했을까요. 동물을 아끼는 사람들은 동물과 대화를 할 수 있습니다. 성 프란시스는 새들과 동물에게 설교를 했다고 전해지고 있습니다.

말똥말똥 눈을 맞추고 이야기가 끝날 때까지 귀를 쫑긋하는 해피를 보면 성 프란시스 생각이 나곤합니다. 조물주 하나님의 음성을 듣기 위하여 귀를 기울인 때가 우리에게 있었는지요. 가지런히 마음을 모아 바쁘던 걸음을 멈추고 기다려 보았는지요. 문고리 없는 마음의 문밖에서 기다리다 못해 급히 두드리시는 손길이 느껴지지 않으시나요.

어느 새벽 미명 일어날 즈음 들리던 주님의 음성, 열려진 방문 바로 앞에서 이름을 부르시던 주님의 음성은 기다리다 못해 부르시던 것이 아니었을까 생각해봅니다. 있어야 할 자리에서 떠난 우리를 기다리고 부르시는 주님의 음성, 주님의 상처 깊은 못 자국이 얼마나 더 아프셨을까요.

합력해서 선을 이루시는 주님께서는 우리가 새롭게 되기를 원하십니다. 하나님의 나라, 천국에 대한 소망을 날마다 들려주시려는 것입니다. 종국에는 소망이 없는 이 땅이 천국인 줄로 알고 있는 사람들에게 영원한 소망에 대하여 말씀하시고 계십니다.

하나님인 체하는 금전과 시간은 모두 하나님께서 인간에게 맡겨주신 잠시 동안의 선물인 것입니다. 하나님의 영광을 위하여 사용하라고 맡겨주신 것뿐입니다. 선물만 들여다보고 좋아하다가 주님께서 다시 오시는 날 준비하지 못한 신부가 되면 아무 소용이 없습니다. 신부의 단장을 위하여 교회는 존재하는 것입니다. 주님의 마음에 꼭 드는 신부, 안과 밖 모두 정결한 신부가 되어야 혼인 잔치에 들어갈 자격이 있습니다.

정결한 신부가 되기 위하여는 말씀과 성령으로 준비해야합니다.

우리를 미혹하는 것이 이 세상에 가득 차 있지만 이 모든 것에서 자신을 깨끗이 하고 우리 안에 계신 성령을 근심하게 하지 말라고 성경 말씀은 권고하십니다. 오직 말씀과 기도만이 우리를 거룩하게 하실 것입니다.

보이고 들리는 모든 것에서 자신과 마음을 지킬 수 있다면 이보다 더 큰 은혜가 있을까요.

무엇이 두려운가

종이보다 얇은 껍데기 속에서 매미는 푸른 하늘을 상상할 수 있을까요. 어느 날 일어나보니 벌레가 되어버린 사람의 이야기를 쓴 소설가는 무엇에선가 암시를 받았을지도 모릅니다. 분명히 우리가 알지 못하는 세상이 있을 것이라는 것을 말입니다. 모르는 것은 궁금하게도 하지만 두려운 생각이 들게도 합니다.

여자 중 고등학교에서 예배를 인도하며 성경과목을 가르치던 때, 강당이 없는 학교의 교정에서 조회시간에 교장 선생님 훈화에 이어 성경 말씀을 전할 때마다 두려움이 몰려오곤 했습니다. 수많은 학생들과 앞에 서 계신 선생님들 앞에서 매주 한 번씩 전해야 하는 그 시간이 얼마나 두려웠는지 모릅니다.

무릎이 떨리는 것을 느끼며 기다리다가 강단에 올라서는 순간 잡아주시던 주님의 손길은 떨리던 마음을 담대하게 하시고 강하게 붙들어주셨습니다. 교정에서 때로는 학교 뒤 골짜기 야외에서 전하던 복음의 말씀은 먼저 자신에게 용기를 주셨고 확신 가운데 서도록 하셨습니다. 확신은 전폭적인 의뢰를 말합니다. 동시에 모든 결정을 주님의 손에 맡기는 것입니다.

어릴 때부터 막연하게 29세가 되면 내 인생에서 가장 중요하고 멋진 일이 일어날 것 같은 예감을 가지고 있었습니다. 하필이면 왜 스물 아홉인지 전혀 이유도 없음에도 불구하고 그 생각은 달라지지 않았습니다. 놀랍게도 결혼 후 5년이 되던 그 해 저는 감리교 신학교에 입학할 수밖에 없었습니다.

신학교 들어가는 결정을 하기위하여 6개월 전부터 하나님께서는 특별한 기도를 하도록 만드셨습니다. 기도 중에 소명을 받고 신학교에 가기 위하여 연말까지 기한을 정하고 기도를 드리고 있었습니다. 겨울이 다가와도 아무런 응답을 받지 못해 안타까워하고 있을 때 12월 말일 사람들은 송년회로 즐기고 있을 그 시간 하나님은 응답을 하셨습니다.

밤 10시가 넘어갈 무렵 초인종이 울렸습니다.

문을 열고 보니 낯모르는 사람들이었습니다. 기억에 일고여덟 명의 사람들이 자신들을 위하여 지금 예배를 인도해 달라고 하는 것이었지요. 하나님께서는 참으로 구체적으로 답을 주셨습니다. 나아갈 길을 몰라 답답할 때가 많이 있습니다. 새로운 것을 결정해야할 때는 더욱 두렵기도 한 것이 당연합니다.

어떤 것이 기다리고 있을지 전혀 예감도 오지 않아 무작정 기다려야만 할 때 초조해서 죽을 것만 같을 때, 가장 힘든 일이 기다리는 지도 모르는 때에 어떻게 해야 할까요. 먼저 해야 할 것은 '아무리 힘든 일이라도 주님의 명령이라면 하겠습니다 '라는 마음을 가져야 할 것입니다.

순종하는 마음을 가지려면 먼저 포기하는 마음을 가져야 합니다.

포기와 순종은 같은 말과 같습니다. 포기하지 않고 순종할 수 없으며 순종하지 않고 포기할 수 없습니다. 온전한 순종이 되려면 먼저 포기하는 결단이 필요한 것입니다. 순종하는 마음을 가지니 포기하는 것 또한 쉬운 일이 됩니다. 자기 십자가를 지고 따르라고 하신 말씀은 포기하고 따라오라고 하시는 말씀인 것입니다.

하나님과 비교될 만한 세상의 것은 재물입니다.

그러므로 하나님과 재물을 겸하여 섬길 수 없다고 성경은 말씀합니다. 그리고 재물이 많은 부자가 천국에 들어가는 것이 낙타가 바늘귀로 들어가는 것보다 어렵다고 하신 것입니다. 재물을 버린 후에 다가올 어려움을 생각하면 버리는 것이 쉬운 일이 아니지만 성령께서 모든 것을 가능하게 도와주십니다. 그러므로 사람으로는 할 수 없으되 하나님께서는 하실 수 있다고 말씀하신 것입니다.

우리에게 두려운 것은 무엇입니까.

어떻게 그 두려움에서 벗어날 수 있을까요. 그리고 어떻게 천국을 소유할 수 있을까요. 과거의 일로 깨우치는 것은 지식입니다. 미래에 대하여 깨우치는 것은 지혜입니다. 지혜로운 사람은 대비할 줄 아는 사람입니다. 지식과 지혜의 말씀으로 배우고 깨우쳐 두려움에서 벗어나시기 바랍니다. 그리고 내일을 대비하는 사람, 믿음의 사람이 되어보지 않겠습니까.

정 때문에

그제 학교에서 돌아온 손자 얼굴이 상기되어 있습니다.

남편과 저에게 달려와 무언가를 손에 쥐어줍니다. 명함판 크기의 사진인데 들여다보니 다람쥐가 움직이고 있습니다. 이중으로 움직이는 것처럼 보이는 사진을 해피에게도 선물로 줍니다.

우리가 모르는 발렌타인데이를 어린이들은 학교에서 선물을 주고받으며 그날을 즐기고 있습니다. 작은 사진 뒤에는 누가 누구에게 보내는 이름이 적혀있습니다. 여자 어린이의 이름도 보입니다. 아직 8살이지만 한국 나이로 10살인 손자는 부끄러운 눈치입니다.

마음을 전하는 것처럼 아름다운 일이 있을까요.

그래서 청춘은 아름다운 것이 아닐까요. 마음껏 좋아하고 좋아한다고 말할 수 있고 곱디고운 감정을 품고 자라는 과정을 우리는 지켜보고 있습니다. 어린이가 성장하는 것을 보는 것은 기쁨입니다.

앞마당의 키가 낮은 파인 트리에는 옹기종기 새들이 모여살고 있습니다. 묘목을 심어 놓고 몇 년 프로리다에서 지내고 온 사이

성큼 자란 파인트리는 옆으로 자라는 가지 사이마다 새를 품기에 좋은 둥지나무지요. 어느 봄날 카디널 한 쌍이 번갈아 드나들기에 보니 오무린 아기 손바닥만 한 둥지에 새알이 세 개 보였습니다.

에미 애비 새가 없는 틈을 타서 몰래 사진을 찍기도 하며 들여다보는 사이 알이 차례로 부화를 하더니 노란 부리를 가진 새끼는 두 마리가 되었습니다. 몇 주 뒤 바깥이 어수선해서 내다보니 아기 새가 날기 연습을 하고 있습니다. 근처 뽕나무에서 에미 애비는 새끼들을 부르고 있는데 작은 날개로 날다가 푸드득 땅으로 떨어지고 말았습니다.

에미애비 새는 소리 지르고 이리저리 날고... 보다 못해 달려 나가 아기 새를 살그머니 집어 둥지가 있는 나무 가지에 올려놓았습니다. 앙증맞고 따뜻하고 꼬물거리던 손맛이 밤잠을 설치게 했지요. 다음 날 조용해서 내다보니 빈 둥지만 남아 있었습니다. 그 때의 섬뜩하고 가슴이 철렁하던 기억을 지울 수가 없습니다.

걱정이 되어 옮겨준 마음을 모르고 울타리 나무로 이사를 한 것입니다. 거의 한 달 창밖을 내다보며 눈물을 흘렸습니다. 그렇게 정이 들었을까요. 겨우 한 차례 만져본 것뿐인데. 바라보는 동안 마음에 구멍이 나고 말았나봅니다. 그래서 무엇이든지 너를 위하여 만들지 말라고 하셨을까요. 보이는 대로 만들어 가지는 것을 좋아하는 사람의 속마음을 하나님께서는 염려하고 계셨을까요.

주고받은 체온에 정이 들어 집착을 할까 경계하신 것이 아닌가 생각해봅니다. 수명이 긴 것에 경외심을 가지는 인간은 되도록 튼튼한 것으로 조형물을 만들어 놓고 자신을 지켜줄 수호신으로 섬기게 되었을 것입니다. 세계 곳곳에 인간이 만든 크고 장엄한 조각품들이 신으로 여겨지고 존재해 왔던 것을 생각해보면 인간은 언제나 영원에 대한 소망을 가지고 있었다고 여겨집니다.

아브라함에게 아들을 주시겠다고 약속하신 하나님께서는 25년이 지나서야 아들 이삭을 낳게 해주셨습니다. 100세에 얻은 아들, 얼마나 귀하고 예뻤을까요. 넘어질까 다칠까 금지옥엽으로 키운 아들에게 정신이 빼앗긴 것으로 보신 하나님은 아브라함에게 아들 이삭을 제물로 바치라고 명령하십니다. 사흘 길을 걸어간 모리아 산, 돌로 쌓은 제단 위에서 꽁꽁 묶인 열여섯 살의 장정 이삭을 제물로 바치는 광경을 상상해 보셨나요.

백 살이 넘은 할아버지와 열여섯 살의 장정은 누가 힘이 셀까요.

이 사건은 아브라함과 이삭 두 사람의 합동 작품인 것입니다. 순종인지 복종인지 모르지만 두 사람은 그날 그 시간 그곳에서 죽은 것입니다.

두 사람의 생각도 죽고
두 사람의 이성도 죽고
두 사람의 의지도 죽고
두 사람의 소망도 죽고
두 사람의 장래도 죽고

두 사람의 경험도 죽고
두 사람의 감정도 죽고
두 사람의 과거도 죽고
죽고 죽고 또 죽고...
그렇게 다 죽은 것입니다.

다 죽은 그들에게 하나님은 모든 것을 다시 다 돌려 주셨습니다.

회복 시키셨고, 새로운 소망과 새로운 약속을 주셨습니다. 먼 후대에 이르는 약속을 주셨던 것입니다. 지금 어떤 기로에 서 있으신가요. 혹시 모리아 산을 향하여 걸어가시고 있나요. 자기 목숨을 버리는 자는 얻을 것이라고 말씀하신 주님은 말씀대로 영광의 부활로 증명해 보이셨고 다시 오실 것입니다.

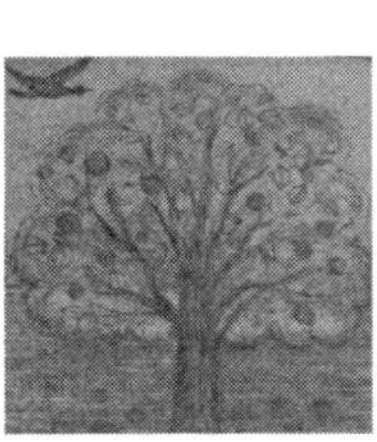

봄을 기다리세요

해가 바뀌고 벌써 달 반이 지나갑니다.

봄 방학을 할 시기, 그리고 졸업식의 시즌이기도 하지요. 유난히 따뜻한 겨울 잠잠한 봄이 가까워 가는데 눈이 내렸습니다. 가벼운 봄눈은 하늘하늘 하늘을 가르며 오르내립니다. 모처럼 내린 눈이 살그머니 사슴 발자국을 덮어주었습니다.

사르르 사르르 무엇이 녹아내리고 있었습니다.

언 땅 밑에서 숨을 죽이던 겨울이 녹아내리는 걸까요. 세포 사이로 넘나드는 물처럼 오고가는 물이 길을 만들고 있는 소리입니다. 만물을 살리는 물이 흙에서 흙으로 얼음 조각을 녹이며 가만히 스며들고 있습니다. 스며드는 물소리에 새벽잠이 깨었습니다.

귀를 기울여도 아무 소리도 들리지 않는 새벽, 분명히 땅을 녹이며 흘러드는 소리, 차갑게 얼어붙은 가슴을 녹이는 소리가 들리는 것입니다. 흘러야 사는 물처럼 흘러가는 계절처럼 흘러흘러 다시 흘러 다른 사유의 시간으로 옮겨 가며 살아가는 것이 인간임을 고백합니다.

새로운 하루하루를 선물로 주셔서 그 백지의 시간 위에 남겨지는 자취를 보시고 새로운 희망을 부어주시는 하나님. 이제는 얼어붙은 시간을 흘려보내라고 하시는 걸까요. 봄으로 옷 입고 봄으로 채워서 봄 하늘에 둥둥 소망을 띄우라고 하시는 음성이 들려옵니다.

봄을 기다리는 것이 다만 사람일까요.

뒷마당에서 마른 옥수수 알갱이로 허기를 채우던 사슴도 부엌 냄새에 기웃거리던 칠면조도 기다리겠지요. 피자와 마늘빵을 구운 오늘 저녁 이탤리언 레스토랑 냄새가 풍기는 현관 밖에서 혹시 길고양이나 작은 생쥐가 기웃거리지 않았을까 미안한 생각이 스쳐갑니다.

소리와 냄새에 곤두서던 날 선 마음을 나른한 봄볕으로 토닥여주고 싶습니다. 날개를 펴고 젖은 깃을 말리는 까치처럼 선이 굵은 말씀에 피곤한 무릎을 기대어 낮은 목소리로 소곤소곤 감사를 드리면 밀려오던 세상의 풍파도 어느덧 잔잔한 물결이 되어 등을 떠밀어줄 것입니다.

소망은 사람으로 하여금 다시 일어서게 하는 원동력입니다.

가장 귀한 영양식품입니다. 아무리 좋은 것으로 배가 불러도 속으로 미소 짓게 하는 소망이 없다면 무가치한 삶이 되고 말 것입니다. 소망이 닳아지지 않는 소망이 되려면 약속에 근거를 둔 소망이어야 합니다.

믿음의 조상 아브라함은 바랄 수 없는 중에 바라게 하시는 하나님, 죽은 자를 다시 살리시는 하나님, 없는 것을 있는 것처럼 부르시는 하나님을 믿음으로 의롭다 여김을 받았습니다. 우리가 본받아야 할 것은 바로 이 믿음입니다. 전혀 바랄 수 없는 상황에서도 믿음을 잃지 않고 믿는 믿음은 곧 식지 않는 소망을 말하는 것입니다.

주님께서 고난의 길을 걸어가신 사순절 기간입니다.

세상은 요동하고 무질서하며 폭력이 난무하고 하나님의 말씀과는 먼 길로 달려가지만 믿음의 사람은 소망을 가지고 인내하며 기다려야 합니다. 우리가 받는 환란은 많은 믿음의 선조들이 이미 받았던 환란입니다. 환란은 인내를 인내는 연단을 연단은 소망으로 우리를 인도해줍니다.

주님은 말씀하셨습니다. '세상에서는 너희가 환란을 당하나 담대하라, 내가 세상을 이기었노라.'

성도는 다른 영혼의 구원을 위하여 부름 받은 사람입니다.

그러므로 어떤 경우에도 잊어버리지 말아야 할 것은 영혼구원을 위하여 기도하는 것입니다. 한 영혼을 귀하게 여기시는 하나님께서 보시고 계시기 때문입니다. 환란을 당하는 것도 하나님의 영광을 위하여, 연단을 당하는 것도 하나님의 영광을 위하여, 인내하는 것도 하나님의 영광을 위한 것입니다. 이것이 열매를 맺을 때 하나님께서 가장 기뻐하실 것입니다.

봄이 오는 소식이 들려옵니다.

한 알의 씨앗을 위하여 눈이 녹아내린 흙은 부드러워지고 생명의 물을 고이 간직하며 봄볕을 기다리고 있습니다. 겨울이 녹아내린 우리의 마음도 옥토가 되어 말씀의 씨앗을 품고 기다리고 있습니다. 자 부지런한 농부가 되어보실 까요.

돌 같은 사랑으로

파스타를 먹든지 피자를 먹든지 생각이 나는 것은 김치입니다. 결혼 40년이 가까운 이 시절에도 김치는 홈 메이드로 먹어야 하는 입맛 때문에 피곤해지는 건 자신이지만 나이 들어도 먹는 습관은 달라지지 않는 것 같습니다. 무엇을 먹든지 식탁에 빠뜨릴 수 없는 것이 김치이고 보니 끝까지 맛있게 먹는 법을 연구하게 됩니다.

한국에 다니러 간 어느 여름 홍천강가에서 요긴한 돌을 발견했지요. 손바닥의 반보다 조금 크고 납다디한 돌들은 어디로 보아도 소담했습니다. 고르고 골라 색도 예쁘고 맨질맨질한 것으로 일곱 개를 가지고 오느라 얼마나 힘이 들었는지 한숨을 쉬면서 후회도 많이 했지요. 납덩이처럼 무거운 돌들을 무사히 실어다준 비행기와 가방에게 감사할 뿐입니다.

검은 색 흙으로 덮인 아이오와에서 자갈돌은 찾아볼 수 없습니다. 귀한 돌을 책장에 장식으로 보다가 김치 위에 눌러놓으니 여간 맛이 있는 것이 아닙니다. 플라스틱 통에 담긴 김치를 끝까지 맛있게 먹게 되었습니다.

몇 년 살던 프로리다에도 돌은 눈에 띠지 않습니다.

모래땅을 파면 어디에서나 물이 나옵니다. 돌이 귀한 그곳에서 길을 다시 만드는 공사 현장을 보면 헌 길에서 깨어낸 콘크리트를 다시 잘게 부수어 그 자리를 채우고 길을 만들고 있습니다.

국토의 대부분을 산이 차지하는 한국에서는 어디를 가든 개울이 있고 개울에는 자갈돌이 있습니다. 골짜기를 부딪치며 흘러오며 모난 곳이 닳아져 매끈해진 돌을 호수에 던지면 물위를 달려가던 돌, 도구나 연장을 만들기도 했던 돌은 우리의 생활에서 떼어낼 수 없는 중요한 자원이었지요.

며칠 전 사각 전기 프라이팬을 바꾸었습니다. 화덕 옆에 두고 나물도 볶고 전도 부치고 둥근 프라이팬보다 크고 넓어 자주 사용하다보니 코팅이 금이 간 모양입니다. 마트에서 새로 산 프라이팬은 세라믹 돌가루로 코팅을 했다고 설명서는 쓰여 있습니다.

가루가 된 돌이 어떤 효과가 있을까 궁금했습니다. 열전도율이 뛰어난지 고기를 구워도 국물이 생기지 않고 먹음직한 브라운 색으로 구워지고 아주 약한 불에도 노릇노릇하게 전이 데워지니 보기도 맛도 좋습니다. 가루가 된 후에도 돌의 효과는 대단합니다.

산골짜기에 있는 너럭바위에 걸터앉아 물소리를 듣던 시절이 그립습니다. 넓적한 바위에 둘러앉아 기도하던 여름밤의 기도원이 떠오릅니다. 바위는 우리에게 언제나 흔들리지 않는 자리를 내어 주었습니다. 변함없이 그 자리를 지키는 바위에서 장래를 약속한 사람이 얼마나 많이 있을까요.

하나님께서는 이스라엘 사람들에게 다듬지 않은 돌을 쌓아 제단을 만들고 그 위에서 제사를 드리라고 말씀하셨습니다. 제사를 드릴 때 인간의 가식과 위장된 모습을 다 버리라는 뜻이 아닐까요. 그리고 아무리 반복해서 제사를 드려도 벗어날 수 없는 죄의 성품을 가진 인간을 위하여 반석이 되시는 주님, 예수 그리스도를 이 땅에 보내주신 것입니다.

하나님의 사랑을 알지 못하기 때문에 두려움에 떠는 인간을 위하여 스스로 인간의 몸을 입고 이 세상에 찾아오신 하나님이 바로 예수 그리스도이신 것입니다. 한 번 달구면 오랫동안 식지 않는 돌처럼 인간을 향한 주님의 사랑은 식을 줄 모르고 2000년 전이나 지금이나 변함없이 타오르고 계십니다.

하나님께서는 아시아를 사랑한다고 하십니다.

아직도 하나님의 사랑을 알지 못하고 들어보지 못한 사람이 아시아에 너무나도 많이 있기 때문입니다. 또한 그 소식을 이미 듣고서도 의심하며 두려움에 떨거나 자포자기하는 사람이 아시아에 많기 때문 아닐까요.

만세 반석이신 우리 주 예수 그리스도께서 같은 사랑을 가지고 기다리고 계심을 알고 계시나요. 문명의 이기 속에서 더 외롭고 더 고독해지는 인간의 모습을 지금도 보시고 안타까워하시는 분을 고요한 가운데 심중에 불러보시기 바랍니다. 언제나 말씀해주시기 원하시는 주님을 기다리세요...

광야로 가는 삶

과학과 기술의 발달로 인류는 같은 면적의 땅에서 몇 배 몇 십 배의 소출을 얻게 되었습니다. 한국만 해도 30%정도의 경작지에 도시에 있던 공장과 회사가 들어서고 서울 근방 경기도에서는 아파트와 빌딩으로 경작지가 점점 줄어들고 있습니다. 늘어나는 농작물을 처분할 수 없어 버려야하는 현실까지 보고되는 시점입니다. 특별한 지역을 제하면 예전에 비하여 식생활 문제는 거의 해결이 되었다고 볼 수 있겠습니다.

이제는 어떻게 행복하게 사는가에 더욱 초점을 맞추고 있으며 삶의 질을 향상시키는 것에 더욱 관심이 쏠리고 있지요. 중요한 이슈로 대두된 것이 건강 문제입니다. 많은 정보 매체에서 앞 다투어 어떻게 하면 건강을 향상시킬 수 있는지에 대하여 다루고 있을 뿐 아니라 질병의 치료와 예방에 대하여 효과적인 방법을 선전하고 있는 것을 볼 수 있습니다.

건강은 인간이 살아가는데 가장 중요한 것이고 잃으면 모든 것을 다 잃었다고 말하기도 합니다. 육체를 입은 인간인고로 우리는 자신의 건강에 관심을 가져야 하며 어려서부터 건강 유지에 대한 학습도 필요할 것입니다. 건강한 육체를 유지하기 위하여 규칙적인 식사를 해야 하며 맑은 공기를 마셔야하며 적당한 운동이 필요합니다.

이것을 위하여 산다고 해도 과언이 아닐 정도로 이성적인 현대인은 자신의 육체를 돌아보는 데 많은 시간과 경비와 체력을 소비하고 있습니다. 하지만 정작 육체의 건강을 지배하는 영혼의 건강에 관심을 쏟는 사람은 얼마나 될까요. 하나님께서 아담을 만드실 때 숨을 불어넣으심으로 생령이 되었다고 성경은 말씀하고 있습니다. 사람이 동물과 다른 것은 하나님의 형상을 닮았을 뿐 아니라 하나님의 숨결을 입었다는 것입니다.

그러므로 우리는 육체뿐 아니라 하나님께로부터 받은 자신의 영혼이 건강한 가 늘 자신을 테스트해 보아야할 것입니다. 건강한 영혼에는 기쁨과 평안이 있습니다. 에스골 골짜기의 마른 뼈들에게 생기가 들어갔을 때 마른 뼈는 서로 연합하며 힘줄과 근육이 생겨서 하나님의 군대를 이루게 되었습니다. 생기가 있다는 것은 기쁨이 있다는 것입니다.

예수님은 제자들에게 나의 평안을 주노니 평안하라고 말씀하셨습니다.

참 기쁨과 평안은 하나님께서 주시는 것입니다. 하나님으로부터 오는 것입니다. 큰 물결이 일어나는 갈릴리 호수에서 우왕좌왕하던 제자들은 곤히 주무시는 예수님을 보았습니다.

우리가 발 딛고 살고 있는 이 땅을 벗어날 수 없는 한 우리는 걱정과 염려, 근심과 질병에서 자유로울 수 없습니다. 토양의 오염이 심각한 21세기를 살아가는 우리는 둘러싸고 있는 자연과 사회, 가족, 학교, 직장 등 우리가 포함된 여러 가지 유기적 관계 속에서 크고 작은 정신적 육체적 압박을 받고 있으며 이것이 결국 우리의 영혼으로 하여금 기쁨과 평안을 잃어버리게 되는 요인이 되고 있는 것입니다.

어떻게 하면 잃어버린 기쁨과 평안을 다시 찾을 수 있을까요.

건강한 육체가 되기 위하여 규칙적인 식사와 맑은 공기와 적당한 운동이 필요하듯이 우리의 영혼도 규칙적인 식사와 맑은 공기의 호흡, 적당한 운동이 필요합니다. 규칙적이고 고른 식사가 활력을 주듯이 규칙적인 영의 양식 하나님의 말씀이 공급되어야 합니다. 그러므로 시간을 정해놓고 말씀을 읽고 자신을 돌아보는 시간이 필요합니다. 쉬지 말고 기도하라고 하신 말씀대로 영혼의 호흡인 기도를 쉬어서는 안 됩니다. 모든 일에 하기에 앞서 아버지 되시는 하나님께서 어떻게 생각하실까 묵상하고 물어보아야 합니다.

아버지 하나님은 여러 가지 방법으로 말씀해주십니다.

자연을 통하여 사람을 통하여 기도와 묵상으로 성경 말씀으로 등등, 그 말씀을 듣기 위하여 마음의 귀를 세우고 듣고자 하는 자세를 가져야합니다. 그리고 듣고 그치지 말고 행동으로 옮겨야 합니다. 적당한 운동은 자신보다 이웃을 위하여 나누며 베푸는 행동과 복음을 전하는 것입니다. 운동할 때 힘이 생기듯 생명의 말씀을 전하며 나눌 때 기쁨은 배가되고 평안은 따라서 오는 것입니다.

하나님의 음성을 듣기 위하여 세상의 분주한 소리에서 잠시 멀어질 필요가 있습니다. 그것이야말로 광야로 가는 목적이 아닐까 싶습니다. 도시에 산다 하더라도 때로는 사람을 만나는 것도 절제하고 하나님과의 호젓한 만남의 시간을 위하여 시간과 장소를 정해두는 것도 좋습니다. 그것이 규칙적으로 될 수 있다면 가장 좋은 방법일 것입니다.

아버지 이삭을 속이고 형 에서가 장자로서 받을 축복의 명분을 차지한 야곱은 외삼촌 라반의 집으로 도망을 칠 수밖에 없게 되었고 아득한 광야 한가운데인 벧엘에서 하나님의 임재를 체험하게 됩니다. 아담의 후손인 우리는 알고도 짓고 모르고도 짓는 죄속에서 살고 있습니다. 회개를 하고서도 다시 반복하는 것이 인간입니다.

그러므로 매일 하나님께 용서를 빌어야합니다.

예수님의 보혈을 의지하여서 매일 속죄의 제사를 드리는 것입니다. 사도 바울은 '나는 날마다 죽노라'라고 말했습니다. 십자가에서 죽으신 예수님 안에서 옛사람은 죽고 부활하신 예수님 안에서 다시 사는 것입니다.

인류의 역사를 통틀어

계획하시고 완성하신 하나님의 구속의 은혜를

매순간 기억할 수 있다면
절망과 슬픔이었던 십자가를 기억한다면
다락방에 숨어 있던 제자들로 하여금
담대한 증인이 되게 한 부활을 기억한다면
날마다 죽을 수 있을 것이며
날마다 살 수 있을 것이며
날마다 광야로 갈 것이며
날마다 죄의 유혹을 이길 것입니다

제 6 부

어린이가 될 수 있다면

감추어둔 기쁨

안으로 밖으로

하나뿐인 존재

'반드시' 가 아니라 '곧'

하나뿐인 존재

'반드시' 가 아니라 '곧'

하나님 앞에 서는 날까지...

종교가 아닌 사실

어느 손가락일까요

어린이가 될 수 있다면

선부른 봄기운에 성미 급한 히야신스 수선화 새순이 올라옵니다. 2월에 올라온 새순을 보려고 길 떠나지 못한 겨울바람이 찾아옵니다. 겨울바람 끝에 어젯밤엔 게으름뱅이 눈발이 밤새 새순을 살짝 덮어주었습니다. 차가운 바람과 차가운 눈, 어느 것이 더 시릴지, 앙증맞은 히야신스 손가락 사이로 비집고 나오는 꽃대는 알겠지요.

다행히도 오정쯤엔 햇볕이 가득 정원을 채웠습니다.

혼자 걸어간 사슴의 발자국이 외롭다고 슬슬 녹아버립니다. 혼자 다니는 사슴은 없는데 웬 일일까요. 눈발 위에 남은 발자국에는 돌아 본 흔적이 없었습니다. 앞으로만 걸어간 사슴은 숲으로 다시 사라져 버렸습니다.

무엇이 사슴을 홀로 내몰았을까요.

아무 몰래 새끼를 가진 싱글 맘 사슴이거나 혹시 왕따를 당한 사슴이 아니면 좋겠습니다. 왕따를 당하는 일과 왕따를 시키는 일 모두 즐거운 일은 아닐 테니까요. 우리 세대라면 고등학생 정도는 되어야 할 사고와 대화를 하는 6학년 학급의 이야기를 담은 드라마를 보았습니다.

글을 쓴 어른의 상상력인지 주변에서 일어난 이야기인지 모르겠으나 여하튼 흔하게 발생하는 일이 아닐까 생각해봅니다. 가정의 배경이 가지각색인 학생들의 생각과 행동이 얼마나 차이가 큰지 새롭게 느끼며 관찰을 했습니다. 그들의 긴장과 대립, 관계의 성립과 관계의 파행과.

입장과 위치가 다른 부보들의 과도한 참여가 소중한 자녀들을 얼마나 불편하고 불안하게 하는지, 그들을 가장 사랑하고 아끼는 부모들은 정작 잘 알지 못하고 있는 것을 봅니다. 불완전한 인간이 불완전한 그룹에서 불완전한 관계를 만들어 가고 있는 불합리한 과정이지요.

어쩌다가 앞에서 두 번 째 줄에 앉는 왜소한 몸집으로 학급 반장을 하게 되었는지 모를 일입니다. 그것도 아버지 사업이 실패하고 살던 집마저 팔아 정리하고 겨우 남의 집에 세 들어 사는 가정형편에 6학년 때입니다. 성만 생각이 나는 중년의 남자 담임선생님은 아마 특별한 분이셨나 봅니다.

당시에는 중학교 입시가 꽤 어려워서 과외 공부가 유행이었지요. 'ㅅ'명문대에 다니는 오라버니 하는 과외 공부에 끼어 추운 새벽길을 걷던 생각도 납니다. 덕분에 성적이 좋았는지 반장이 된 저는 얼마나 땀을 뺐는지 모릅니다. 키가 큰 아이들, 배경 좋은 아이들 밑에서 점심시간마다 조용하게 하는 일 교무실 심부름 등, 못하겠다고 못하는 성격 때문에 벌을 서야하는 쪽은 언제나 저였던 것 같습니다.

부모님의 지지가 없는 학급 반장 노릇이 얼마나 힘이 드는 일이라는 걸 속속히 깨달은 일이 되었지요. 그래서도 그 드라마가 실감이 났는지 모르지만 그래도 학교에서 근무했던 일은 두고두고 즐거운 추억이 되고 있습니다. 결혼 하면서 그만 둔 국어선생님, 담임했던 아이들은 잊지 못해 집으로 찾아오고 하루에도 몇 통씩 편지를 보내곤 했습니다. 성경을 가르치며 학교 채플을 인도하던 때에는 더욱 행복했지요. 말씀으로 자라나는 어린 싹들에게 나누어주는 시간 시간마다 가르치는 저나 학생들 모두 기쁘고 감사한 시간이었습니다.

천국은 어린이와 같은 자의 것이라고 주님은 말씀하셨습니다.

어린이의 특징은 겸손한 것입니다. 어린이는 어린이라는 이유만으로 겸손합니다. 무엇이든 어른에게 배우려고 합니다. 어린이는 지나간 일을 곧 잊어버립니다. 그래서 잘 웃습니다. 오랫동안 삐치지 않습니다. 나쁜 기억을 오래 가지고 잊지 않습니다.

그러므로 늘 웃고 쉽게 행복을 느낍니다. 요즘 어린이는 어린이 같지 않습니다. 어린이가 고민을 많이 합니다. 걱정이 많습니다. 어린이에게 짐을 나누어지게 하는 것은 어른의 잘못 아닐까요. 어린이는 언제나 꿈을 꾸며 살아야 합니다.

어린이가 집 안에 있으면 웃음이 생깁니다.

어린아이 같이 될 수만 있다면 스트레스로 인하여 생기는 병은 줄어들 것입니다. 좋지 않은 기억도 훌훌 떨쳐버리고 겸손하게 자신을 낮출 수 있다면 기쁨이 떠나지 않을 것입니다. 받아야할 대우를 받지 못해 불행하고 불편하고 불쾌한 것이 어른의 특징이기 때문입니다.

가정만 아니라 내가 속한 그룹이 행복해지기 위하여 오늘 하루 어린이가 되어보면 어떨까요.

감추어둔 기쁨

현관 앞에 한 모숨 나온 연초록 이파리에서 드디어 봄꽃이 피었습니다.

어제는 몽우리도 안보이더니 밤새 뿌려준 빗발이 간지럼을 태웠나봅니다. 튜울립 꽃의 십분의 일이나 될까 닮은꼴의 연보랏빛 꽃, 아직 아름도 모릅니다.

제일 먼저 찾아오는 걸 알면서 이름도 모르니 무심하기도 하다고 쫑알거리는 소리가 들리는 듯합니다. 한군데 모여 서서 우리가 제일 먼저 왔노라고 노래라도 부르는 것만 같습니다. 수선화는 그윽한 푸른 잎을 내느라 땀을 뻘뻘 흘리는데 정원의 잔디는 겨우내 속으로 성숙했는지 더 깊어져 아라비아의 카펫이 되었습니다.

긴 겨울 지내고 처음 나온 정원은 모두 반가운 얼굴입니다. 겨우내 휘둘리던 바람에도 늠름하게 서있는 그네와 바글바글 꽃몽우리 올리는 유난히도 크고 우아한 자목련 몽우리에 눈썹처럼 걸려있는 봄바람이 한창입니다. 한 달 빨리 달려온 봄은 숨이 턱에 걸려서 뒤뚱거리며 설쳐댑니다.

사슴 등쌀에 한 해 자란 새순을 다 뜯긴 사철 단풍나무를 지키던 그물망은 저만치 넘어져있습니다. 무엇이 이들을 힘들게 하는지 모르겠습니다. 몇 년이 지나도 자라지 못하는 아기처럼 장딴지만 굵은 난쟁이나무를 어떻게 위로해주어야 할까요.

남들처럼 크고 싶은 저들의 자연스런 욕구가 충족될 수 없는 자연도 자연입니다. 정원을 지켜주던 십자가와 가시나무 아래서 반짝이는 하트는 보기에 좋았던 모양입니다. 그런데 푸른빛으로 뽐내는 왕 옥잠화 밑에서 고개를 저으며 노래 부르던 오리 가족이 넘어져 있습니다.

붉은 벽돌 꽃밭 울타리 위에서 행복하던 오리 가족이 공격을 받은 것입니다. 도자기는 아니어도 잘 구워내어 유약을 바른 하얀 오리 가족은 호스타 밭의 금상첨화이었는데 아기 오리는 머리가, 어미 오리는 머리와 날개 죽지가 벗겨지고 잿빛 땅 위에 흩어진 하얀 부스러기가 오랜 기간의 사투를 고스란히 말해주고 있습니다.

'넌 왜 나보다 하얀 거니' 하고 눈발이 미욱한 공격했을 리는 없습니다. 호두를 찾느라 바쁜 다람쥐가 냄새라곤 없는 오리를 물어뜯을 리도 없고요. 뾰족한 입으로 얼마나 오랫동안 쪼아댔으면 불쌍한 오리의 껍질이 벗겨졌을까요. 하도 예뻐서 지난여름 사진도 남겨 놓았는데 너무나 이상한 일입니다.

뾰족한 부리라면 새 종류일 텐데 어떤 새가 추운 겨울 오리에게 화를 그렇게 냈을까요. 그리고 그 이유는 무엇일까요. 겨울 동안 새는 모두 춥고 배가 고플 것임에 틀림이 없습니다. 철새는 다 제 갈 곳으로 갔을 테고요. 배고프고 추운 텃새 눈에 노래 부르는 어미 오리와 아기 오리가 미움을 산 게 분명합니다.

우리는 춥고 배가 고픈데 너희는 왜 노래만 부르고 있니?
우리는 홀쭉한데 너희는 왜 배가 부르니?
우리는 꼬질꼬질한데 너희는 왜 언제나 하얗고 예쁘니?
우리는 먹이를 찾느라 발이 시려서 가만히 있을 수 없는데
너희는 왜 가만히 서 있니, 그래서 너희만 사진 찍어주고?
……
등등의 이유로 쪼아댔을까요

매일 웃으며 노래 부르고 예쁘고 하얗다는 이유로 가만히 당할 수밖에 없었을 오리 모녀를 보니 여전히 웃고 있습니다. 반짝이던 껍질은 벗어져 볼품은 없지만 그들의 웃음 그리고 티 없는 모습은 변하지 않았습니다.

기쁨은 그런 것입니다.
남들이 다니지 않는 시간에 몰래 우물을 찾아가 물을 긷던 수가 성의 여인에게 예수님은 내가 주는 물을 마시는 자는 그 배에서 그치지 않는 생수가 흘러나올 것이라고 말씀하셨습니다. 그치지 않는 생수는 성령이며 바로 기쁨입니다. 우리에게 보내

주신 성령께서 주시는 기쁨은 모든 것을 감당하게 하십니다. 감추어 두신 하나님의 은혜가 잔잔한 기쁨을 솟아나게 만들어주시기 때문입니다.

당신에게도 감추어둔 기쁨이 있나요...

안으로 밖으로

거실 가운데 자리를 잡은 피아노는 봄이 와도 전혀 봄을 타는 기색이 없습니다. 아마 세발로 서 있어 피곤을 모르는 가 봅니다. 예로부터 솥발처럼 세발로 서 있는 것이 가장 균형 있고 편안해 보이는 모습이 아닐까요. 세발자전거를 타 본 기억이 없는 저는 지금이라도 타보고 싶은 마음입니다.

피아노는 작은 정원을 머리에 이고 있습니다.

서양 란 화분 세 개, 꼬마 홍콩 야자 한 그루, 게 발 선인장 하나, 철쭉, 그리고 산세베리아 닮은 잎이 소담하게 짧고 무성한 화분 한 개, 모두 여섯 개의 화분이 자태를 뽐내고 있습니다.

작년에 우아한 꽃을 보여준 서양 난이 조그만 분 안에서 세 개 이상 새 이파리를 내어 분갈이를 해줄 양으로 뜸을 들이며 골라 화분 세 개를 사왔습니다. 화분용 흙 한 자루와 제일 큰 쓰레기봉투를 펼쳐놓고 조심조심 화분을 거꾸로 들고 담겨있는 흙을 쏟았습니다. 사 온 그대로 1 년 이상을 두고 잘한다고 살금살금 물을 주었건만 겉만 고운 하얀 철 바켓 안에서 통통해야 할 뿌리가 반 이상 물렁해진 것입니다.

공기가 통하지 않아 축축한 까닭에 병이 들은 뿌리 위에서 푸르고 반짝이는 잎을 키우며 조바심을 했을 서양 난이 가엽기만 합니다. 이상하게도 이파리 아래로 꽃대가 세 개나 나온다 했더니 꽃대가 아니라 궁여지책으로 내어 민 뿌리였던 것을 몰랐던 무지함이 미안합니다.

죽어가는 뿌리대신 난은 토실하고 씩씩한 뿌리를 만들고 있었던 것입니다. 작년에 말라가는 꽃대를 자른 자리에서는 두 군데나 아기 이파리가 나오고 있습니다. 다른 곳으로 이사가볼 까 하고 의논을 하고 있나 봅니다. 갑자가 무슨 바람이 불어 허둥지둥 사가지고 온 하얀 분청, 청자 화분 안에서 옷을 갈아입은 난 세 자매들은 만세를 부르고 있습니다.

겉으로는 아무도 짐작할 수도 없는 것을 알면서도 들으려 하지도 않고 물어보려고 하지도 않습니다. 한 집에서 살아도, 오랫동안 가까이 지내는 사이라 하더라도 말로 표현하지 않으면 알 수 없는 것이 우리 인간 개개인의 속사정이지만, 때로는 알고 싶지 않아서 때로는 서로 자세히 모르는 것이 편해서 지나다 보면 어느새 한 주 한 달 한 해가 지나가고 우리는 높은 울타리 안의 남남이 되어갑니다.

안식일에 만난 38년 동안 긴 병을 앓고 있는 사람에게 예수님은 '네가 낫기를 원하느냐'고 물으십니다. 혼자 간직해온 나만의 문제는 그것이 외부적인 것이든 내면적인 것이든 시간이 오래 지나게 되면 그 문제 자체가 아예 나의 일부인 것처럼 느껴져서 거기서 나오려는 생각조차 들지 않을 수 있습니다.

심각하던 문제가 문제가 아닌 것처럼 생각되는 순간이 있습니다.

그 순간이 지나면 우리는 그것이 순응이 되어 나와 분리시키려고 생각하는 것이 두려워지기도 합니다. 그것을 아시는 주님께서는 바로 그 점을 드러내시고 계시는 것입니다. 나의 문제가 무엇인가. 나는 거기에서 탈피하고 싶은 소원과 용기가 있는가. 바로 그것을 물어보시는 것입니다.

물론 우리는 그것을 원합니다. 치료 받기를 원합니다. 그 내면적이고 뿌리 깊은 환경에서 벗어나기를 원합니다. 바로 그것을 주님 앞에 고백해야 합니다. 아무리 많은 약속이 성경에 기록되어 있다 할지라도 '마음으로 믿고 입으로 시인하여 구원을 얻는' 것처럼 우리는 그 약속을 의지하여 입으로 시인하고 구하라고 주님은 가르쳐주시는 것입니다.

서양 난은 살기 위하여 보란 듯이 뿌리를 공중으로 뻗어 올리고 있었습니다. 그리고 작은 이파리를 지난해의 꽃대 끝에서 피워내고 있었습니다. 영양이 풍부한 새로운 흙에서 다시 새봄을 피우기를 고대해봅니다. 식물의 생명도 귀하게 보시는 하나님께서 생각이 부족한 저를 재촉하셔서 분갈이하게 하신 것 같아 콧노래가 나오는 봄날입니다.

안으로 밖으로 온통 도우심이 필요합니다.
안으로 밖으로 온통 치료하심이 필요합니다.
무엇부터 시인하고 무엇부터 구해야 할까요...

하나뿐인 존재

한 주간의 스프링 브레이크는 방학이라 하기엔 짧고 휴가라 하기엔 좀 길어서 양쪽 주말을 합해 열흘 정도의 휴일입니다. 아이오와에서 처음 봄 휴가 기간을 보내는 손자를 위해 무엇을 할 수 있을까 머리를 짜 낸 것이 마크 투웨인의 어릴 적 생가 방문입니다. 월요일 가자했더니 주일 저녁에 멀쩡하던 개수대 하수구가 막혀버렸습니다. 벌써부터 좀 더디 내려간다 했더니 저녁 식사 후에 꽉 막힌 것입니다. 꽉 막힌 싱크대를 혼자 남겨두고 우리는 집을 떠났습니다.

두 시간 이상을 달려 가야하는 곳, 미주리 주의 하니발은 그 이름만으로 근사하게 들리는 지명입니다. 세인트 루이스라는 멋진 이름의 도시로 가는 길목에 자리 잡은 하니발은 아이오와 시티에서 남쪽으로 곧장 내려가는 곳입니다. 신기하게도 아이오와 주와 경계를 이루는 강을 건너면 아이오와에서는 보이지 않는 산이 보이기 시작합니다.

산길을 따라 돌고 도는 길을 고쳐서 마음 놓고 오며 갈 수 있는 하이웨이 길을 만들어 놓았습니다. 내려가며 올라가는 길, 9

시 넘어서 집을 떠난 우리 일행은 11시가 조금 지나서 하니발에 도착했지요. '톰 소여의 모험'으로 유명한 미국 대표 작가 마크 트웨인은 어린 시절 이곳에서 살던 추억을 그의 소설로 남기며 글을 쓴 것으로 생각됩니다.

아버지가 하니발의 판사로 선출되어 이사를 오게 되어 살던 관사에는 그의 가족이 살던 모습이 그대로 남아 있습니다. 그의 어린 시절 처음 여자 친구의 집이 길 건너에 있고, 그의 집 뒤쪽에는 허클베리 핀이 살던 작은 집이 재현되어 있습니다. 그의 가족의 역사와 그가 입었던 박사 가운과 수많은 기록과 사진, 그의 소설로 만들어진 영화의 장면들이 네 개의 작은 박물관에 고이 보관되어 있습니다.

예기치 못한 아버지의 죽음으로 어린 시절부터 인쇄소에서 일을 하며 생활을 하던 마크 트웨인은 꿈을 실현하기 위하여 하니발을 떠난 지 20년 후에 그의 어린 시절을 바탕으로 글을 써서 대단한 명성을 얻게 되었습니다. 미시시피 강을 끼고 있어 모든 물자의 원활한 왕래가 번화하게 만들었을 이 작은 도시에는 당시에 지어진 유롭 풍의 작은 빌딩이 그대로 남아있는 다운타운이 있고 그중에도 골동품 가게에는 진기한 물건이 가득 쌓여있었습니다.

오래된 것을 아끼고 잘 보관하는 습관을 가진 사람들이 부러웠습니다. 때가 끼고 색깔이 바랜 가치가 없어 보이는 작은 장신구도 오물조물 모아놓고 보면 그곳에서 사람의 냄새가 나고 눈을 감으면 그것을 걸치고 다니던 사람들이 보이는 듯합니다. 바지 아랫도리에 레이스가 고운 리본이 나풀거리는 하얀 덧옷을 입은 여자 아이가 어디서 튀어나올 법한 마을이 눈에 선합니다.

몇 시간 남쪽으로 내려왔더니 더 일찍 찾아온 봄, 곱게 가꾼 정원에 벌써 개나리가 피고 가시나무에 빨간 열매가 부활절이 다가옴을 말해주고 있었습니다. 얼마 남지 않은 빨간 핏방울, 그곳에서도 가시나무는 가슴 한 구석을 뜨겁게 만들어 주었습니다. 선불리 던져버리지 않는 낡은 것처럼 지난 시절의 이야기를 재현하려고 시도했던 마크 트웨인은 그의 놀라운 생각이 다른 사람과도 공통점이 있었던 것을 발견했을까요.

흑인 친구와 배를 타고 떠나려했던 어린 시절의 마크 트웨인은 신분의 차이가 가져오는 불합리한 세상을 일찍 발견한 것이라 여겨집니다. 11살에 벌써 아버지를 여읜 가난한 소년으로 당찬 장래의 꿈을 가지고 자신의 재능을 일구어낸 미국의 대표적인 작가에게 고개를 숙입니다.

미국의 역대 대통령 중 가장 존경을 받는 대통령은 아브라함 링컨 대통령일 것입니다. 그는 당시에 아무도 생각할 수 없는 신념과 꿈을 가지고 있었기 때문입니다. 하나님을 믿는 믿음에서 출발한 사람 사랑과 사람에 대한 관심은 그로 하여금 노예 해방이라는 놀라운 역사를 이루게 하였습니다.

생명에는 귀천이 없으며 모든 생명은 그대로 하나님 앞에서 똑같은 의미를 가지는 것 아닐까요. 우리는 때때로 하나님께서 나에게 주신 하나뿐인 이름과 존재의식을 잊어버리고 우리가 평소에 따르던 헛된 생각에 팔려서 자신을 헐값에 내어주는 일이 종종 있지 않나 생각합니다.

하나님 앞에서 나를 대신할 자는 아무도 없습니다.

나는 나이고 나일뿐인 것입니다. 나를 존귀하게 보시는 하나님께서는 나의 있는 그대로의 모습을 기억하고 계십니다. 다른 것으로 아무리 가려보아도 하나님 앞에서는 숨길 수 없음을 알아야 합니다. '나'에게 말씀하시기 원하시는 하나님이 계심을 아시나요. 그 하나님 앞에서 가만히 기다려 보십시오. 언젠가는 말씀을 들려주실 것입니다. 세미하게 아주 세미하게 나만 들을 수 있도록...

'반드시' 가 아니라 '곧'

점심 메뉴로 닭 도리 탕을 데우는 중 전자레인지가 갑자기 조용해집니다.

'차갑게 식은 국물은 고체가 되어버렸는데 어쩌지,' 빨리 머리를 돌려봅니다. 남편은 옆집의 서있는 환풍기를 보고 동네에 전기가 다 나갔다고 단정을 내립니다. 바람은 조금 불지만 이런 맑은 날씨에 무슨 일일까요. 스톰이라고 부르는 먹구름도 아니고 하늘에는 깨물어먹고 싶은 솜사탕 같은 구름이 둥실 떠 있습니다.

'온 동네에 전기가 나갔다니 이럴 때는 라면이야.' 광에서 썬 버너를 가져와 프라이팬에 반찬 세 가지를 동시에 데워먹는 점심이 그래도 맛이 있기만 합니다.

'분명히 동네 입구에 짓는 콘도 때문이야, 전기를 연결하느라 그럴 거야. 미리 연락이라도 하지 않고, 참.' 중얼중얼 불평은 그쪽으로 넘어갑니다. 불평할 대상이 있는 것이 고맙기라도 한 것처럼 말이지요. 가족 모두 그곳으로 의견을 자연스레 모았습니다.

기다리는 전기는 두어 시간이 지나도 소식이 없습니다. 대체로 짧은 시간에 일을 마치는데 오늘은 무엇이 잘못된 모양입니다. 전기가 없으니 집안 온도가 2도 내려갑니다. 쓸모없는 전기 기구만 가득하고 일하는 것은 비상시 일기예보라도 들으려고 준비해둔 라디오뿐입니다. 음악이라도 틀어 기분을 돌려야지 하다가 밀린 그로서리 샤핑이라도 하려고 집을 나섰습니다.

'어머나!' 겨우 200미터도 안 되는 골목길 입구에는 놀라운 사건이 펼쳐 있습니다. 성탄절 카드처럼 예쁜 집 마당가에 서있던 수려한 파인트리가 넘어져있는 것입니다. 마을이 생기던 때부터 온 동네를 지켜주었을 아름다운 소나무, 정말 눈부시게 아름답고 기품 있던 카나디언 파인트리가 무슨 까닭에 쓰러졌을까요.

레인지가 멈추던 시간에 나무가 쓰러진 게 분명합니다. 어젯밤에 심한 바람이 불었다는데 홀로 긴 밤을 버티며 조금씩 기울어지던 나무가 넘어진 것은 낮 12시쯤, 아마 나무는 고민을 하며 사람들이 덜 왕래하는 시간을 찾았나봅니다. 이곳을 통과하는 순간에 넘어졌다면 누구라도 나무에 다쳤을 텐데 놀라서 막힌 길을 멍하니 바라보다가 그냥 돌아서왔지요.

저녁 시간이 되어서야 나무는 잘려져서 가루가 되는 기계의 도움으로 자리를 비켜주었습니다. 나이가 60년이 지난 우리 집을 생각하면 나무의 나이도 분명히 그 정도는 되었을 것입니다. 키에 비하여 크지 않던 뿌리를 보면 비옥하고 습기가 많은 땅에서 나무는 뿌리를 그렇게 깊게 내릴 필요가 없었던 모양입니다.

그런 사정도 모르고 우리는 새로 짓는 콘도에 시비를 걸고 불평을 하고 원망을 쏟아내었습니다. 모르고 했으니 죄가 아니라고 위안을 해보지만 평소에 얼마나 많이 이런 실수를 하면서 남에게 억지를 덮어씌우고 살아왔을까요. 자주 수리를 해야만 하는 낡은 집에 살다보니 새로 짓는 집이 은근히 미워졌을까요. 안 들리게 내 속의 나에게 물어봅니다, '너 그랬니' 하고 말이죠.

차라리 영양이 적고 비도 잘 안 오는 광야와 같은 땅에 서있었다면 아직도 푸르고 청청했을 나무처럼, 안일하고 평안한 환경과 여건이 도리어 의지를 약하게 만들어 조금만 거센 바람이 불어도 넘어져버리는 것이 사람의 모습이 아닐까요. 온실 안의 화초는 온실 안에서는 화려하고 아름답지만 자연 상태에서는 약한 것이 당연할 것입니다.

키가 반 토막이 난 상태에서도 잔가지를 내밀며 목숨을 이어가는 아카시아 나무는 4월을 기다려 하얀 꽃잎으로 똑같은 향기를 뿌려줄 것입니다. 반으로 잘린 나무 꼭대기에서 체도 없는 다람쥐는 여전히 털을 고르며 아침 인사를 합니다. 오늘 저녁 읽은 성경 말씀이 문득 생각납니다. '나는 부활이요 생명이니 나를 믿는 자는 죽어도 살겠고 살아서 나를 믿는 자는 영원히 죽지 아니하리라 이것을 네가 믿느냐' 주님은 우리에게 물으십니다. '반드시'가 아니라 '곧' 다시 오실 것을 말씀하신 주님이 나의 하나님이십니다.

하루가 천년 같고 천년이 하루 같다는 말씀을 의지하고 여전히 같은 하늘과 같은 하루를 지내며 우리는 그날이 그날이라는 생각에 잠기곤 합니다. 그러나 하나님의 화살은 시위를 떠나서 목적지를 향하여 날아가고 있으며 우리는 준비하라는 음성을 듣고 있습니다. 개인적이든 개인적이 아니든 하나님은 언제나 누구나 초대 하고 계시니까요.

하나님 앞에 서는 날까지...

제대로 피아노를 배워보지도 못한 저에게 피아노는 차라리 '꿈'이라고 여기는 것이 좋았습니다. 6.25때 남쪽으로 내려와 작은 이모인 우리 어머니를 찾아온 사촌 오빠는 반공포로였고 어린 기억에 든든한 울타리 같은 분이었습니다.

한국 전쟁이 끝나던 해에 태어난 제가 초등학생일 때 오빠는 서울 역 건너편 빌딩에서 사업을 하는 대단한 수완을 보여주었습니다. 사업에 성공한 오빠 집에 방학 때 다니러 가면 반짝이며 서있는 피아노가 눈길을 끌었습니다. 하지만 피아노는 그림의 떡일 뿐 슬그머니 만져보는데 그쳐야 했습니다.

중학교에서 갑자기 키가 커진 저는 키가 큰 친구와 짝을 하게 되었는데 그 친구가 피아노를 배우고 있어 친구 따라 피아노 연습실에 드나들며 눈짐작으로 바이엘 연습을 한 기억이 납니다. 그 기억은 피아노에 대한 미련을 버리지 못하게 하여서 결혼 후, 둘째 아기가 아장아장 걸을 무렵 무조건 피아노를 샀습니다.

잘 치지 못하는 피아노는 더 매력이 있어 금방 피아니스트가 된 기분으로 살았습니다. 처음 산 까만 피아노를 개척하는 교회에 드리고 나니 이젠 교회에서 피아노를 자주 연습할 수가 있었습니다. 잘 치지 못하는 솜씨라도 연주를 하면서 찬송을 부르면 감사와 기쁨이 절로 넘치게 하는 피아노. 피아노는 나의 일생에 없어서는 안 되는 존재가 되었습니다.

시간을 정해 놓고 하나님께 구별된 나만의 가장 귀한 찬송을 부르기 위하여 피아노는 언제나 필요했습니다. 다윗은 수금을 치며 찬송을 불렀다는데, 그리고 그 찬송은 지금까지 인간이 부른 가장 귀한 찬송이 되었다는데. 중학교 졸업식 때 선물로 받은 기타를 열심히 배워보려 했지만 간단한 팝송 외에 찬송은 부를 수가 없었습니다.

미국에 와서도 교회에서 갑자기 반주하는 분이 못 오시는 시간이나 기도 모임에서 피아노와 함께 부르는 찬송은 언제나 나의 힘이며 능력이 되었습니다. 아이오와에 다시 올라온 후에는 하나님 앞에서 용기를 내어 속으로 중얼거렸습니다. '남들은 세상의 음악이나 노래를 연주하느라고 그랜드 피아노를 사용하는데요, 하나님께 찬송을 부르는데 사용할 테니 제게도 꼭 그랜드 피아노를 주세요.'

하나님께서는 억지 같은 소원을 들어주셨습니다.

이제껏 한 번도 보지 못한 대폭 세일을 꼭 하루 동안 악기 전문점에서 성탄절에 행한 것입니다. 분에 넘치는 피아노가 오던 날 잠을 이룰 수가 없었습니다. 이렇게 자세히 듣고 계시는 하나님께는 숨길 것도 감출 것도 없나봅니다. 평생소원이던 까만 베이비 그랜드 피아노를 집중도 안 되고 기억력이 자꾸 떨어져 가는 저에게 선물로 주신 것입니다.

반짝거리는 피아노를 연주하며 찬송을 목청껏 부르는 것, 바로 이것이 평생소원이었는데, 뚝뚝 떨어져 살고 있어 아무리 큰 소리로 마음껏 찬송을 불러도 거리낄 것이 없는 곳이 바로 이 마을이니까요.

하나님 앞에서 한 약속 때문에 한국까지 원정을 다녀온 피아노는 다행히도 무사합니다. 전공을 안 한 사람이라서 못 가져간다는 등의 난관을 뚫고 우리는 찬송 시간을 지켰습니다. 오랜만에 오늘 조율을 한 피아노는 다시 예전의 낭랑한 목소리를 찾았습니다. 나의 분신이라고 해도 될 피아노, 하나님 앞에 서는 날까지 찬송을 쉬지 않을 것입니다.

피아노의 꿈을 꾸게 해준 사촌 오빠의 가정은 어머니의 끊임없는 기도로 변화되었습니다. 재물을 축복의 기준으로 삼던 가정에서 믿음의 가정으로 바뀌었고 그 자손들은 복음을 전하는 사람들이 되었습니다. 북한에서 어머니의 할머니께서 조상 대대로 내려오던 신주 단지를 깨버리고 찾은 믿음, 한국 땅에 전파된 선교사에게서 받은 복음적인 신앙을 되찾게 된 것입니다.

국제전화를 통하여 인천 뱃사람의 후손으로서 가지고 있던 미신을 버리고 영원한 생명과 구원을 얻었다고 말씀하시던 사촌 새언니의 음성이 지금도 기억납니다. 그리고 새언니는 기억에도 없는 옛이야기를 하시는 것이었습니다. 제가 어릴 때 자신의 집에 오면 가난하면서 예수 믿는 집이라고 속으로 무시를 했다는 것입니다. 눈물을 흘리며 훨씬 나이 어린 저에게 용서를 구하던 새언니는 지금 주님 옆에서 찬송하며 미소를 지으실 것입니다.

언니, 그곳 정말 행복하시지요, 보고 싶어요...

종교가 아닌 사실

하루에 한 송이씩 필 것으로 보이던 백합꽃은 오늘 두 송이를 피웠습니다. 아직 남은 몽우리는 네 개, 내일 부활절에는 몇 송이가 필까요. 갑자기 다가온 꽃샘추위가 하도 거세서 그제야 사 온 백합 꽃 화분이 진홍빛 철쭉 튜울립과 함께 우리 주님의 부활을 다소곳이 기다리고 있습니다.

지금은 우리 주님께 가장 죄송스러운 시간, 깜깜한 어둠 속에서 죄로 인하여 하나님으로부터 분리된 인간의 고독을 나누고 계시는 주님은 드디어 사망 권세를 이기시고 '나 여기 있어, 슬퍼하지 말아...'하시며 두려움으로 눈물조차 삼켜야 하던 여인들에게 처음 모습을 보이셨습니다.

미명의 시간, 어쩌면 가장 어두운 시간에 무덤을 찾아간 여인들은 우리 주님을 얼마나 사모하던 사람들이었을까요. 여성은 사람의 숫자에도 들지 못하는 그 시대, 더구나 철의 권세를 가진 로마라는 나라의 식민지 변방에서 사람 하나쯤은 죽어도 그만 살아도 그만인 시대에 감히 인장이 찍힌 커다란 돌로 막은 바위 무덤을 찾아간 여인들을 주님은 이미 아시고 기다리신 것에 틀림이 없습니다.

목소리를 듣고도 알아보지 못하고 누가 주님의 시신을 가져갔느냐고 묻던 마리아에게 이름을 부르신 주님, 마리아는 그제야 주님이신 것을 알았습니다. 극심한 좌절과 실망 속에서 들리는 주님의 음성은 그들의 삶을 뿌리부터 흔들어 놓고 말았습니다. 부활의 '증인'이 되기로 결심한 것입니다. 증인은 생명의 위협을 받는 일이 종종 있어 증인의 목숨을 지키는 프로그램이 운영되고 있는 것이 현실입니다.

생명의 위협을 받는 것은 물론 미움의 대상이 되는 역할이 증인입니다.

그러므로 증인이 되려면 용기가 필요한 것입니다. 어떤 종류의 재판에서든지 증인은 자신이 목격한 사실을 말하도록 되어있으며 자의가 아니라면 도저히 감당할 수 없는 중요한 역할이 증인인 것입니다.

예수님의 부활을 목격한 많은 사람들은 부활의 증인이 되었습니다.

사도 바울은 바리새인으로서 다메섹이라는 곳으로 예수 믿는 사람들을 핍박하는 일을 하러 가다가 노상에서 부활하신 주님을 만났다고 기록하고 있습니다. 그리고 부활하신 예수님이 자신을 이방인을 위한 사도로 보내셨다고 증언하였습니다.

사도 바울은 이스라엘의 율법학자로 가장 존경을 받는 가말리엘의 제자로서 율법의 박사였습니다. 그러나 평생토록 연구한 자신의 학문이 모두 허상이었음을 깨닫게 되었습니다. 자신이 예수 그리스도의 사도라고 증거 한 후부터 동족에게서 미움과 핍박을 받으며 생사의 위험 속에서 전도자의 생애를 보낸 것입니다. 첫 번 째 순교자 스데반을 죽게 한 것 때문에 자신을 더욱 죄인으로 여겼으며 죽음이 기다리는 것을 알고 로마를 향하여 전도의 길을 떠났습니다.

대학생 시절 기독학생회에서 주관한 '종교가 아닌 사실'이라는 주제의 세미나에서 큰 은혜를 받은 사실이 있습니다. 당시 서울대학교 기독학생회 임원의 대부분은 목회자 또는 선교사가 되었습니다. 여학생들도 대부분 목회자나 목회자의 아내가 되었습니다. 부활하신 예수를 만난 사람들은 누구나 잠잠할 수가 없게 됩니다. 상상할 수 없는 사실이 사실로서 자신에게만 다가온 특별한 은혜를 다른 사람에게 전하지 않을 수 없기 때문입니다.

아직 잠잠하신 가요
아직 만나지 못했기 때문입니다.

"애들아, 오늘은 무엇을 하면 좋겠니?"
피아노 위의 꽃들이 방글방글 웃으며 대답을 합니다.
"그래, 누군가에게 말해 주어야겠지, 내일이 부활절이라고."
튜울립이 속눈썹을 살짝 깜빡거립니다.

미리 준비해둔 가지가지 예쁜 색깔의 반투명한 플래스틱 달걀 모양을 담은 봉투를 꺼냈습니다. 달걀 하나하나마다 금박지로 싸인 작은 달걀 모양의 쵸콜릿과 캔디를 속에 넣으니 한 바구니가 넘습니다. 앞뒤 정원에 나가 파인트리 가지 속에, 울타리나무 뒤에, 빽빽한 아이비 잎새 밑에, 등등 요기조기 숨겨 놓았습니다.

12시가 되니 손자는 친구들을 데리고 옵니다. 몇 집 건너 사는 변호사 폴도 딸들을 데리고 왔습니다. 정원을 뛰어다니며 즐거운 달걀 찾기를 하는 아이들이 예쁘고 귀여워 사진을 찍어두었습니다. "내일이 부활절이야, 얘들아." 아이들이 모여 함께 축하하니 주님께서 더욱 기뻐하실 것입니다.

그들의 고운 마음 한가운데 부활하신 주님이 주인이 되어주시기를 간절히 바랍니다. 매일 저녁 이웃을 위하여 가족이 함께 올리는 기도를 주님은 기억하고 계실 것입니다. 이 부활의 기쁘고 놀라운 소식이 잠든 영혼, 곤하고 지쳐서 졸고 있는 영혼들을 깨워주시기를요.

어느 손가락일까요

작년 이른 봄 실내에서 향기로 마음을 흔들던 히야신스가 올해엔 사철나무와 가시나무 사이에서 아롱아롱 꽃을 피우고 있습니다. 보라 빛 꽃은 보랏빛 향기로 핑크 빛 꽃은 핑크 향기로 봄 마중을 합니다. 작은 꽃 하나하나가 봄 편지 글자입니다. 십자수로 어우러진 편지를 보니 언니가 놓던 수로 쓰여진 편지가 생각납니다.

형부의 편지는 늘 시였습니다. 그 당시 어린 저는 이해할 수 없었지만 참 아름다운 일이라고 여겼던 것 같습니다. 그 시를 수놓으며 행복하셨을 언니는 아까운 나이에 천국으로 가셨습니다. 연 노랑 색의 올이 두꺼운 천에 십자수로 시어를 만들어내던 언니는 열 살 터울의 막내인 저를 늘 업어주었답니다.

사탕이라도 하나 생기면 가지고 와서 막내에게 먹이셨다는 언니, 받아먹은 저는 아무 기억이 없고 언니 결혼식에서 서럽게 울던 생각만 납니다. 군인 장교이셨던 형부를 따라 결혼 초부터 남한 땅 이곳저곳을 이사 다닌 언니 덕분에 중학교 1학년 때부터 방학이 되면 언니 집으로 가는 일이 큰 행사요 즐거움이었습니다.

시골을 전혀 모르는 서울 토박이에게 영천 대구, 등지로의 여행은 새로운 모험이고 도전이 되었다고 생각합니다. 셀폰도 전화도 없이 편지 한 통 보내놓고 긴 기차여행을 보내주신 어머니의 믿음도 대단하셨지요. 두려움과 설렘이 가득한 혼자만의 여행은 늦은 나이에 미국으로 이주하는 일에도 도움이 되었습니다.

오라버니 빼놓고 딸 삼형제 중 큰 언니의 위중한 병환은 어머니께 얼마나 큰 아픔이었을까요. 특별히 저를 아껴주시던 언니의 임종을 지키지도 못한 죄인이 되었습니다. 손가락이 크기는 달라도 안 아픈 손가락이 없다는데 언니는 가장 큰 손가락처럼 어머니께 제일 지극한 마음을 가지고 있는 사랑스런 큰 딸이었습니다.

아버지 사업의 번창으로 집안이 잘 되어갈 때도, 힘든 고비를 넘길 때에도, 가장 어려운 한국전쟁 시기에도 언제나 어머니 곁을 지키던 큰 딸을 먼저 보내신 어머니의 지나온 시절을 생각하면 저절로 눈물이 흘러내립니다. 어머니의 가장 큰 손가락은 언제나 아프실 테니까요.

마음씨 고운 분이 챙겨준 배추가 소식도 없이 도착했습니다. 그 외에도 식이요법이 필요한 우리 나이에 소중한 것들이 이것저것 보내왔습니다. 봄의 상큼한 맛을 가득 지닌 푸른 이파리가 분분한 배추를 보니 벌써 침이 넘어갑니다. 그러지 않아도 오랜만에 한 번 만들어 먹어본 겉절이와 배춧국이 정말 맛이 있어서 다 먹기가 무섭게 '또 먹고 싶다' 노래를 부르던 참인데 하나님께서 들으셨나 봅니다.

살짝 절여야 맛이 있는 배추를 새벽에 일어나 절여놓고 다시 잠이 들었습니다. 부지런히 일어나 씻어 숭숭 썰어 놓고 무도 나붓나붓 썰어 버무리고 나니 점심시간이 지나갑니다. 떼어 둔 청청한 이파리로 배춧국을 끓이다가 하루가 저물어 버렸습니다.

서둘러 일을 해서 그런지 하필이면 오른 손 가운데 손가락이 끝마디가 부어 있습니다. 마디가 굽어지는데 통증이 느껴집니다. 물병을 열거나 약병 뚜껑을 여는데도 힘이 잘 안가는 빈약한 손이기도 합니다. 하지만 찬송은 불러야합니다. 피아노를 힘들게 치면서 어머니 생각이 났습니다.

제일 긴 손가락이 아무래도 일을 제일 많이 하겠지요. 타자를 못하는 솜씨로 자판을 두드릴 때도 주로 일하는 것은 가운데 손가락이니까요. 하룻밤 쉬면 손가락은 낫겠지만 어머니 가슴에 구멍을 만들어 놓은 마음의 장지 손가락은 언제나 아플 것입니다.

악인에게나 선인에게나 똑같이 햇빛과 비를 주시는 하나님께서는 어느 손가락이 아프실까요. 아니 손가락이 안 아프신 적이 있으실까요. 그리고 우리는 하나님의 어느 손가락일까요. 육신을 입고 이 땅에 오셔서 모진 고초를 겪으셨던 독생자 예수님은 어느 손가락이었을까요.

손가락 한 마디 불편한데 온몸이 피곤한 듯 느껴집니다. 이상한 상상을 하기도 합니다. 어머니 생각에 더욱 죄송합니다. 피곤한 목소리가 아니라 건강하고 밝은 웃음을 보내드려야 가장 큰 선물이겠지요. 그래서 아버지 하나님께 감사로 기도하라고 성경은 가르치고 계심을 다시 깨달았습니다.

감사합니다, 감사합니다, 모두 모두 감사할 뿐입니다...

□ 해설

삶과 글과 믿음의 합주

- 채영선 수필집 『영혼의 닻』

김 종 회

문학평론가 · 한국평론가협회장 · 경희대교수

채영선은 미국 중서부 아이오와에서 글을 쓴다. 한국에서 익힌 모국어와 문학에의 열정을 안고 8만 리 태평양의 푸른 물결을 건너 간 이민자다. 아이오와에서 부군을 도와 영혼 구원의 목회를 감당하며 쓴 글이니, 그 바탕에 절대자를 향한 신앙의 결정들이 응축되어 있을 수밖에 없다. 그런 연유로 그의 산문들은 맑고 싱그럽고, 또 가슴을 울리는 감동이 있다. 사람의 일생이 유한하고 우리가 붙들고 있는 일상이 한정적인 까닭에, 그와 같이 따로 매설된 정신과 영혼의 영역을 가진 이의 세상은 뭔가 좀 다를 것이 분명하다.

채영선의 수필집 『영혼의 닻』은 모두 6부로 구성되어 있다. 이 책을 통독하고 되돌아보니, 그의 작품세계는 삶과 글과 신앙이 같은 동선(動線)위에 병렬되어 있고, 그 세계를 부양하는 힘은 절대자를 향한 순적한 방향성에 있었다. 그런데 그 방향이 단순히 심중에 충일한 신앙고백으로 그쳤다면, 그의 문학은 별반 의미가 없다. 오랜 글쓰기의 경험을 가진 작가는, 이 창작의 문법을 잘 알아차리고 있는 듯하다. 다양하고 세미한 삶의 경험, 이를 솜씨 있게 가다듬고 표현의 묘미를 더하여 작품으로 변환하는 글쓰기, 그리고 그 잘 보이지 않는 내면에 명료하게 저장하고 있는 믿음의 세 요소가 조화롭게 손을 맞잡고 있는 형국이다.

1부는 그의 삶이 오랜 터전을 마련한 아이오와의 풍광과, 거기서 만나고 대화하고 동행하는 하나님의 이야기로 시작된다. 작가의 심경을 드러낸 문면 가운데 이 지역의 환경조건에 대한 불평은 전혀 보이지 않는다. 어쩌면 제2의 고향이라고 할 그 땅의 이름을 부드럽고 고운 말로 인식하고, 원래 주인이던 인디언의 말로 '아름다운 땅'이란 뜻이라고 해명하는 작가는, 자연적이든 작위적이든 이곳에 대한 호의를 익혔다. 언젠가 미국 서부 캘리포니아로 강연을 갔을 때, 거기의 작가 한 분이 그 사막 지역의 경물을 사랑하고 친숙해지기 위해 노력하지 않으면 살기 어렵다고 하던 말이 생각난다.

이 작가는 그런 자기 강박의 수고를 하지 않아도 충분할 것 같다. 아이오와의 자연이 당초에 사막을 안고 있는 캘리포니아와 다르기도 하겠지만 더 중요하게는 이 책의 전반을 관류하는, 다음과 같은 작가의 생각에서 말미암는다. 오랜 옛날 신앙의 자유가 어렵던 시절에 믿음의 선배들이 마음속에 묻어두고 잘 표출하지 못하던 '숨겨진 보화' 같은 것이다.

살아있기에 감사하고, 찬양하고 있기에 감사하고, 또 이렇게 감사의 말을 나눌 수 있기에 감사한 것 아닐까요. 사도 바울은 전하지 않으면 자신에게 화가 있을 것이라 말했습니다. 이제 남은 삶의 소중한 시간을 내게 주신 은혜를 나누는 것이야말로 아버지 하나님께 영광을 돌리는 길이며 가장 귀한 일이 아닌가 싶습니다.

-「아름다운 땅 아이오와에서」 중에서

이민 생활과 정착, 목회와 글쓰기, 그리고 머리 수술을 받아야 했던 절체절명의 순간들을 모두 포괄하여, 만만치 않은 인생 행로를 걸어온 작가다. 그리고 이제 원숙한 세계관의 노경을 바라보는 연륜에, 사유의 깊이가 없을 수 없다. 그런데 그 유의미한 시기에 작가가 끌어안고 있는 것이 문학과 신앙이며, 그 결과로 이와 같은 수필집을 상재할 수 있다면 그는 복 받은 자다. 그러기에 집 주변에 출몰하는 토끼나, 오래 전에 천국으로 보낸 강아지 잭크나, 특별한 모양의 새 카디널이나, 새로운 세대를 이어 갈 손자까지, 모두 '함께' 영원한 세계를 향해 걸어가는 길벗이 되는 터이다.

2부는 그처럼 삶과 신앙의 화해로운 악수가 어떻게 구체적 형용을 보이고 있는가를 발화하는 글들로 채워져 있다. 교회의 개척, 미국의 영어권 문화 가운데서 이중 언어로 살기와 같은 큰 범주의 일들이 있는가 하면, 뒷마당의 나무와 꽃과 풀, 그리고 눈에 보이지 않으나 언제나 그 곳에 있는 소망과 같은 내밀한 자리의 일들도 있다.

> 눈을 감으면 보이지 않겠지 해도 내일을 향한 길과 그 길 끝에 자리 잡고 있는 지워지지 않는 소망이 있습니다. 소망의 이름으로 이른 아침 커튼을 열고 소망의 이름으로 창가에 따뜻한 황금빛 등불을 켭니다. 그 등불이 햇빛을 대신할 수 없는 작은 빛이라 할지라도 노을이 잠드는 저녁마다 소망의 등불을 켜겠습니다.
>
> -「재가 된다 할지라도」 중에서

채영선 수필을 관통하는 주요한 키워드는 이 인용문에 등장하는 '소망'이 아닐까 한다. 소망은 희망과 다르다. 성경에서는 굳이 소망이라는 말을 쓴다. 바라는 바, 곧 목표가 분명한 희망이 소망이기 때문이다. 현실적인 삶의 울타리를 넘어 언젠가 돌아갈 저 높고 먼 곳을 향하는 마음이 이 작가의 소망이다. 그것이 있기에 그의 글에 펼쳐지는 현실은, 비록 고달프고 신산한 것이라 할지라도 하나의 경과 과정으로 존재할 뿐 불가역적 장벽이 아니다. 기실 이것은 신앙적 삶의 모범 답안인지도 모른다. 겉으로 답답하고 융통성이 덜하게 느껴지더라도, 결과에 있어서는 이 우등생의 답안을 믿고 나가는 자를 당할 길이 없는 것이다.

그러기에 이 작가에 있어서는 모든 것이 하나님의 계획 속에 있고 모든 상황의 귀결은 감사이며, 이 내포적 충일과 대결하여 극심한 병마나 '신은 죽었다'는 극단적 논리조차도 위력을 발휘하지 못한다. 그런데 참으로 재미있게도, 작가는 저 고색창연한 니체의 철학적 발언을 매우 간단한 몇 마디의 수사로 제압했다. 신이 죽었다는 것은, 말씀이 육신의 몸을 입고 와 이 땅에서 죽음으로써 부활과 구원을 예비한 그 죽음으로 치환되어야 한다는 것이다. 거기에 덧붙여 '죽으실 수 있는 하나님이시기에 사실 수도 있는 것'이라고 언표했다.

3부의 첫 글에서 작가는 아주 의미심장한 개념 하나를 던졌다. '사람은 무엇으로 사는가'라는 화두다. 일찍이 이 이름으로 러시아의 문호 톨스토이가 단편소설을 쓴 바 있으며, 모든 문학가와 사상가들이 끊임없이 탐색하고 또 답변한 질문이다. 그렇게 3부에 수록된 글들은 지상에 발을 두고 살아가는 사람들의 다양 다기한 면모에 중점을 두었다. 그런데 그 여러 사례들의 종착점은 역시 신앙 원론이다. 이 수필집 전체를 신앙에세이라 호명할 수 있는 이유다.

자기가 죽으면 두 손을 관 밖으로 내놓게 하라고 한 알렉산더 대왕처럼 서른셋의 혈기 왕성한 나이에, 제자들을 키우시고 허물이 많은 그들에게 사명을 맡기시고 '다 이루었다'는 말씀을 남기셨습니다. 3년 동안 생활을 함께 하며 보고 배운 제자들로 인하여 로마는 기독교 국가로 정복이 되었습니다. 그리고 이제까지 말도 많은 현재 교회의 모습으로 사도행전은 계속 이어지고 있는 것입니다.

-「가장 큰 선물」 중에서

알렉산더 대왕의 두 손, 곧 죽음 앞의 빈손은 인간의 유한함을 상징한다. 인간들의 교회는 '말도 많은 현재'로 이어져왔다. 이 세상의 모습과 인간의 근본에 대한 성찰이 없이 참다운 신앙을 얻기는 어려울 것이다. 순례자의 여정처럼 그렇게 멀고도 곤고한 길 찾기가 이 작가의 글이라면, 순례 길 위의 작가는 심정적으로 많이 행복한 사람이다. 교통사고 현장을 증언해준 고마운 백인, 시간의 순환을 따라 찾아오는 성탄의 계절, 심지어 사람과 사람을 갈라놓는 문명의 이기까지, 그 행복한 신앙의 눈으로 보면 감당하지 못할 바가 없다. 4부로 이어지는 글들에서도 작가는 삶의 다채로운 환경과 신앙에 대해, 그 바탕의 견고함에 대해 말한다. 그 중에는 성경의 한 페이지를 장식하는 새, 까마귀도 있다.

어느 곳에서는 불길한 새인데 미국의 까마귀는 길조라고 여겨지고 있습니다. 왜 그렇게 극심한 생각의 대조를 보여줄까요. 서부극을 좋아하는 저는 생각을 해봅니다. 개척자 시대의 미국 땅에서는 사람의 모습이 귀했을 것입니다. 말 타고 길을 떠나면 살아 돌아온다는 보장이 없었던 곳이 바로 미국 땅이었지요. 집을 나간 가족에게서 소식이 없을 때 막막한 넓은 황야에서 사람이 있는 곳을 가르쳐주는 것은 오직 까마귀 아니었을까요. 더구나 강도를 만나 몸이 상한 경우가 많은 그 시대에 애절한 가족의 마음을 달래주는 귀한 새였으리라 생각해봅니다. 골목에서 이리저리 비켜서면서도 물러나지 않고 텃세를 하며 동네를 지키는 길조가 있음도 감사할 뿐입니다.

-「왜 길조인가」 중에서

한국의 까마귀는 흉조로 알려져 있지만 다른 나라에서는 대개 길조로 통한다. 문화적 전통에서도 그러하거니와, 실제로 생태계의 먹이사슬에 있어서도 그렇다고 한다. 그런데 여기서 눈여겨 살펴보고자 하는 것은, 까마귀야말로 도망 중에 생명이 경각에 놓인 선지자 엘리야에게 '숯불에 구운 떡과 한 병 물'을 공급한 하나님의 전령사다. 은유적 대비의 구도에 있어 미네르바의 부엉이가 인본주의를 대변한다면, 엘리야의 까마귀는 신본주의를 대변한다. 광막한 이민자들의 나라에서 이 성경적 의미의 새는, 신본주의를 푯대로 살아가려는 작가에게 소중한

'객관적 상관물'이 될 수 있을 것이다.

5부에 이르면 작가의 언술들이 다시 하나님을 향해 웅숭깊은 고백과 토로의 외형을 나타낸다. 필자의 경험에 의한 것이지만, 하나님을 모르는 영혼에게 하나님을 설명하기에 가장 어려운 대목이 있다. 네가 믿고 있는 하나님을 내가 감각할 수 있도록 보여 달라고 할 때이다. 히브리서 11장, '믿음장'의 문면으로 설득하기도 어렵다. 논리의 신앙과 체험의 신앙이 노정하고 있는 간극이 너무 넓고 크기 때문이다. 다만 정말 소중하고 귀한 것은 눈에 보이지 않는다고 말할 수는 있을 것이다.

눈에 보이는 것은 하나님의 나라에 속한 것이 아닙니다.

오직 성도가 바라보아야 하는 것은 우리의 주 예수 그리스도입니다. 자기의 십자가를 지고 가는 사람만 하나님 나라에 합당한 사람이라고 말씀하셨습니다. 십자가는 '포기와 순종'의 삶의 모습입니다. 예수님께서 죽기까지 복종하신 것처럼 자기에게 주어진 사명을 감당하고 나아가는 사람만이 하나님 나라에 합당한 사람인 것입니다.

–「작아서 좋아요」 중에서

하나님 중심으로 산다는 것, 하나님 중심으로 글을 쓴다는 것이 이 작가에게 어떤 상황인가를 있는 그대로 표현한 부분이다. 이는 어쩌면 다른 사람이 알 수 없는, 다른 사람이 볼 수 없는 세계를 만난 사람의 기록일지도 모른다. 실존주의 철학자는 신 앞에 일대 일의 단독자로 서지만, 하나님 앞에 순복한 신앙인은 그 대립적 지위 자체에 중점을 두지 않는다. 그런 점에서 이 작가 또한 자신의 실존을 염두에 둔 주체적 글쓰기보다, 영혼의 소유주에게 귀환한 '포기와 순종'의 미덕을 더 높이 사고 있는 셈이다. 마지막 6부로 가면 그와 같은 정신적 승급의 단계가 일상의 여러 영역에 두루 편만하여, 보편적인 삶의 형식 가운데서 발현되는 신앙인의 모습에 도달한다.

대학생 시절 기독학생회에서 주관한 '종교가 아닌 사실'이라는 주제의 세미나에서 큰 은혜를 받은 사실이 있습니다. 당시 서울대학교 기독학생회 임원의 대부분은 목회자 또는 선교사가 되었습니다. 여학생들도 대부분 목회자나 목회자의 아내가 되었습니다. 부활하신 예수를 만난 사람들은 누구나 잠잠할 수 없게 됩니다. 상상할 수 없는 사실이 사실로서 자신에게만 다가온 특별한 은혜를 다른 사람에게 전하지 않을 수 없기 때문입니다.

-「종교가 아닌 사실」 중에서

참 오래 전의 이야기이지만, 그것은 이 작가의 태생적 근원, 발생론적 구조를 집약적으로 보여주는 지점이다. 비단 특별한 은혜를 다른 사람에게 나누는 것만이 아니라, 삼라만상을 그처럼 특정한 눈으로 바라보는 전인격적인 세계관의 형성이 거기에 결부되어 있다. 어린아이와 같이 순진한 마음, 긴 겨울을 지낸 뜰의 식물들이 짓는 표정, 피아노 위의 작은 정원인 화분들, 작가 마크 트웨인의 예화, 미국 역대 대통령들에 대한 생각 등, 이 모든 것이 하나님을 지향하고 있다. 그러므로 세상에 이 작가만큼 복 받은 문필가도 드물 것이다. 삶과 글과 신앙이 하나로 연합한 작은 축제의 자리에, 이 수필집이 놓여 있다. 바라기로는 앞으로 그의 생애가 글과 믿음과 더불어 더욱 귀하고 아름답게 빛났으면 한다.

채영선 수필집

영혼의 닻

2016년 5월 5일 인쇄
2016년 5월 10일 발행

지은이 채 영 선
펴낸이 신 용 호
펴낸곳 창조문학사

서울 서대문구 가좌로 86 동천아카데미 5층
등록번호 제1-263호
전화 374-9011, Fax 374-5217
공급처 한국출판협동조합 전화 716-5616~9

값 12,000원
ISBN 978-89-7734-464-8